Josef Herget

Isabella Mader

Die Culture Hacks Toolbox

50 Tools für eine erfolgreiche Unternehmenskultur

Josef Herget Isabella Mader

Die Culture Hacks Toolbox

50 Tools für eine erfolgreiche Unternehmenskultur

Autoren: Josef Herget & Isabella Mader

Herausgeberin: Excellence Edition

www.excellence-edition.com

Illustrationen: Josef Herget, Isabella Mader

Umschlag: Midjourney AI (Illustration), Isabella Mader (Prompt, Bearbeitung, Layout)

Umschlaglayout: SD Studio

Titel der englischen Originalausgabe: The Culture Hacks Toolbox – 50 Strategies for Corporate Culture Success

Erschienen 2024 in den USA bei Bestseller Publishing LLC®, St. Augustine, FL.

Druck und Vertrieb im Auftrag der Autoren:
Buchschmiede von Dataform Media GmbH
Julius-Raab-Straße 8
2203 Großebersdorf Österreich
www.buchschmiede.at - Folge deinem Buchgefühl!
Kontaktadresse nach EU-Produktsicherheitsverordnung: info@buchschmiede.at

ISBN: 978-3-99165-840-5 (Softcover)

PRINTED IN AUSTRIA

Inhalt

Vorwort

Unternehmenskultur rückt zunehmend in den Fokus aller Führungskräfte, denn ihre Bedeutung für den Unternehmenserfolg ist mittlerweile in Wissenschaft und Praxis unbestritten. Nur, wie lässt sich die Unternehmenskultur entwickeln? An dieser Frage scheitern noch viele Führungskräfte. Hier setzt dieses Buch an. Es bietet einen pragmatischen Einstieg in das Gebiet der Culture Hacks. Culture Hacks sind Interventionen auf verschiedenen Ebenen, die rasch die Unternehmenskultur im betrieblichen Alltag entwickeln helfen.

Beim Thema Unternehmenskultur stehen die Führungskräfte im Rampenlicht. Es liegt vor allem an Ihnen, ob und wie die Unternehmenskultur in die gewünschte Richtung entwickelt wird. Culture Hacks bieten dabei einen pragmatischen und relativ einfachen Einstieg. In diesem Buch werden der Einsatz und die Vorgehensweise systematisch aufbereitet und präsentiert.

50 Strategien laden dazu ein, die Unternehmenskultur unmittelbar durch kleine und größere Veränderungen im konkreten Vorgehen, als Methoden und Tools direkt zu gestalten. Sie werden strukturiert jeweils mit ihrer Zielrichtung und Wirkung, dem nötigen Aufwand und ihren Erfolgsfaktoren präsentiert.

Probieren Sie es. Sie werden überrascht sein, wie einfach der Einstieg in das Thema der *Gestaltung von Unternehmenskultur* gelingen kann.

Viel Freude beim Lesen und vor allem beim Umsetzen!

Josef Herget und Isabella Mader

Culture Hacks - Auf einen Blick

Culture Hacks unterstützen zügigen Kulturwandel. Die in diesem Buch zusammengetragenen Methoden zur Gestaltung der Unternehmenskultur erleichtern Verhaltensänderung – und machen in den meisten Fällen auch noch richtig Spaß! Ihr großer Vorteil: Culture Hacks wirken schnell. Aber sie müssen auch das Richtige adressieren. Erst kommt das „Was", dann das „Wie": Culture Hacks dienen der Wahrnehmung, Bewusstwerdung, Reflexion und Verstärkung eines kulturadäquaten Verhaltens. Kurz gesagt: Culture Hacks werden verwendet, um das tägliche Handeln und Verhalten an den gewünschten Normen und Standards der angestrebten Kulturfaktoren auszurichten.

Culture Hacks können strategisch eingesetzt werden, um Abweichungen zwischen dem angestrebten Mindset (ausgedrückt durch die gemeinsam gewünschte Unternehmenskultur) und dem praktizierten Verhalten zu identifizieren und dies gezielt zu beeinflussen. Zudem finden Culture Hacks Anwendung im Nudging, einer Beeinflussung des individuellen und kollektiven Entscheidungsverhaltens in kleinen, zielgerichteten Schritten. Sie können zudem als stimulierende Impulse durch neue Formate oder Methoden eingesetzt werden, um ein bestimmtes Verhalten oder Ergebnisse zu erreichen. Schließlich kann durch eine Prozessveränderung eine unmittelbare Verhaltensanpassung initiiert werden.

Dennoch soll die Bezeichnung „Culture Hacks" nicht dazu verleiten anzunehmen, es handle sich um eine „bloße Abkürzung". Culture Hacks helfen, rasch in veränderte Verhaltensweisen zu kommen, ändern aber nichts an der Anforderung, dass Kultur ein konsequentes Bemühen erfordert.

Die folgenden Kapitel stellen das Konzept der Culture Hacks in kurzer, prägnanter Form dar und integrieren es in den gesamten Kulturstrategie-Prozess.

1. Haben Sie die Unternehmenskultur, die Ihr Unternehmen jetzt und in Zukunft braucht?

Wenn Sie einen Hebel suchen, um ihr Unternehmen nachhaltig erfolgreich zu machen, sind Sie hier richtig. Denn **es ist vor allem die Unternehmenskultur, die darüber entscheidet, wie sich Ihr Unternehmen zukünftig entwickeln wird**. Die Unternehmenskultur bestimmt nämlich darüber, welche Aktivitäten gefördert, aber auch, was be- und verhindert wird. Das ist mittlerweile Konsens in der Management-wissenschaft, dennoch bleibt die berechtigte Frage, warum dieser Zusammenhang in der Praxis immer noch zu wenig erfolgreich genutzt wird.

Die Antworten hierzu sind schnell gegeben: Die Erarbeitung einer neuen Unternehmenskultur erfordert erstens zunächst Arbeit, zum zweiten sollten wir wissen, welche Unternehmenskultur wir überhaupt anstreben sollen – und welche wir gegenwärtig überhaupt haben und schließlich drittens, wie man zu der gewünschten Unternehmenskultur kommen kann. Darauf gibt es zwar keine schnellen und trivialen Antworten, aber mit der richtigen Anleitung und Unterstützung wird die gezielte Gestaltung von Unternehmenskultur möglich. Denn viele Führungskräfte haben den Willen, wissen aber nicht genau, wie man so ein Projekt erfolgversprechend anpacken kann. Vielleicht geht es Ihnen auch so?

Die Gestaltung und Entwicklung der Unternehmenskultur, so die verbreitete Annahme, stellt einen umfassenden und langwierigen Prozess dar, der so komplex wirkt, dass das Engagement rasch schwinden kann. Zu ungewiss scheint der Erfolg, so dass die Führungskräfte damit gar nicht erst anfangen wollen. Es gibt aber auch einen schnellen Weg, eine Abkürzung, die rasch zum Erfolg führen kann und relativ geräuschlos loslegen kann. Dieser Weg wird in diesem Buch beschrieben.

Legen wir los!

2. Kulturwandel kann schnell gehen - mit Culture Hacks

Das Streben nach Schnelligkeit, Abkürzungen, Tipps und Tricks sowie unkonventionellen Kniffen für schnellen Erfolg ist heute gefragter denn je. Unternehmen und das Management haben nun auch die "Hacks" entdeckt, und neben Work Hacks stehen zunehmend auch *Culture Hacks* im Fokus von Führungskräften. Und das zu Recht!

Culture Hacks erfüllen nicht nur die Anforderungen an Agilität und die aktuellen Lern- und Umsetzungswünsche der modernen Generation. Sie verkörpern vielmehr das wertvolle Erfahrungswissen, das sich in zahlreichen Lebens- und Arbeitssituationen bereits bewährt hat. Dennoch sollten sie nicht blind kopiert und unhinterfragt angewendet werden, da sie in der Praxis auch scheitern und unerwünschte Nebenwirkungen verursachen können. Aus diesem Grund empfiehlt sich eine gründliche Auseinandersetzung mit diesem modernen Managementinstrument, insbesondere auch die Beachtung der angeführten Erfolgsfaktoren.

Entscheidend ist dabei immer, die gewünschten Kulturfaktoren zu kennen, die sie ermöglichen oder verstärken möchten. Dazu kommen wir gleich nach der Einführung in die Culture Hacks.

2.1 Was genau sind Culture Hacks?

Culture Hacks sind gezielte Interventionen, mit denen **bestehende Gewohnheiten und Routinen unterbrochen und verändert werden**. Sie adressieren unmittelbar das Mindset und Verhalten von konkreten Personen, Gruppen oder ganzen Organisationen. Doch genau hier wird es für viele "heikel": Ist es ethisch vertretbar, Sozialtechniken einzusetzen, um das Denken und Verhalten in einer Weise zu beeinflussen, die den Interessen der Organisation dienen? Wenn sie auf ethische Weise eingesetzt werden, ohne andere zu bloßen Objekten der Manipulation zu machen, und mit dem Ziel, das betreffende System zu optimieren, erscheint es geradezu geboten, sie einzusetzen. Culture Hacks sind ein wirksames zusätzliches Instrument zur Gestaltung und Steuerung des Verhaltens in Organisationen.

Organisationen sind keine zweckfreien Gebilde; sie werden gegründet mit einem Ziel und einer Mission, die ihre täglichen Aktivitäten leiten. Sie sind bestrebt, Menschen anzuziehen, die sich mit dieser gemeinsamen Mission identifizieren. Wenn die Organisationskultur nicht mehr zu dieser Mission passt, besteht Handlungsbedarf.

Die vorhandene und angestrebte Unternehmenskultur definiert diese gemeinsame Lebens- und Arbeitssphäre als Möglichkeitsraum, sie setzt unternehmerische Werte und belohnt Verhaltensweisen, die zum gemeinsamen Erfolg beitragen. Das Ziel sollte es folglich sein, das gemeinsame Ganze im Fokus zu haben und alles zu fördern, was diesem gemeinsamen Erfolg nützt – das Gemeininteresse steht im Unternehmen somit vor dem Einzelinteresse. Culture Hacks sollte dabei im Rahmen von Kulturgestaltungsprozessen eine hohe Bedeutung zukommen.

Culture Hacks sind individuelle und organisationale Interventionen, die durch einen Impuls zur Veränderung des Mindsets oder des Handelns aktiv eine gewünschte Unternehmenskultur fördern sollen.

Culture Hacks verfolgen das Ziel, ein Verhalten, ein Muster oder eine beabsichtigte Handlung bewusst zu machen und einen Prozess der Selbstreflexion einzuleiten. Sie hinterfragen, ob das gezeigte oder beabsichtigte Verhalten mit den gewünschten Zielen übereinstimmt. Culture Hacks werden immer dann eingesetzt, wenn eine Diskrepanz zur gewünschten Unternehmenskultur erkennbar wird oder verschiedene Handlungs- und Verhaltensmöglichkeiten bestehen. Ein Culture Hack spiegelt den Mitarbeitern alte Denk- und Verhaltensmuster und hinterfragt deren Angemessenheit, oder ermöglicht ein neues Miteinander, einen neuen Prozess, der im Idealfall allen Beteiligten auch noch Freude macht.

2.2 Warum Culture Hacks die Unternehmenskultur schnell entwickeln können

Die Gestaltung der Unternehmenskultur ist unbestritten ein durchaus komplexes Vorhaben, das durch den Einsatz von Culture Hacks auf verschiedenen Ebenen der Kulturarbeit unterstützt werden kann. Allerdings lassen sich auch sehr pragmatisch bereits signifikante positive Veränderungen bewirken, wie in diesem Buch dargestellt. Ein integriertes Architektur-Modell der Unternehmenskultur (Herget 2020) vermittelt einen Eindruck der verschiedenen Aktionsbereiche. Es adressiert drei Ebenen, die zunächst unabhängig voneinander erscheinen. Um jedoch einen maximalen Effekt im nachhaltigen Kulturwandel zu erzielen, sollten sie integriert betrachtet werden, da sie erst im Zusammenspiel ihr volles Potenzial entfalten. Zudem beeinflussen sie sich gegenseitig, wobei die obere Ebene den Rahmen für die nachfolgende bestimmt.

Durch die Ausrichtung von Kulturgestaltungs- und -veränderungsinitiativen am Architektur-Modell wird vermieden, dass Umsetzungsideen auf der strategischen Ebene stecken bleiben oder in isolierten Einzelinitiativen verloren gehen.

Das Betrachten des gesamten Rahmens der Kulturgestaltung hilft, die Zusammenhänge besser zu verstehen und die aktuellen Maßnahmen klarer zu verorten.

Abbildung 1 zeigt das Modell mit seinen drei Ebenen und fasst die wichtigsten Orientierungen und Auswirkungen zusammen. Culture Hacks werden als Methode zur kulturellen Gestaltung auf der jeweiligen Ebene positioniert.

Fokus	Ebene	Ansatz	Voraussetzung	Methoden	Erfolgstendenz	Wirkung
Vision, Mission, Werte, Ganzes Unternehmen	Strategisch *ganzheitlich, total*	Mindset	Gemeinsame Werte und Verständnis	Leitbild und Werte; Audit; Strategie	⇨	langsam
Ausgewählte Prozesse/Bereiche der Kulturveränderung	Operativ *inkremental, partiell*	Verhalten	Direkter Ansatz im Verantwortungsbereich	Culture Hacks • prozess-orientiert • methoden-orientiert • nudging-orientiert	⇗	schnell
Gelebter Alltag, Unmittelbares Verhalten	Reflexion *punktuell*	Mindset Verhalten Emotion	Klarheit über gewünschtes Verhalten; Mut; Reife der Organisation	Culture Hacks • strategie-orientiert	⇧	sofort

Abbildung 1: Das Architektur-Modell zur Kulturgestaltung (angelehnt an Herget 2020)

Wir unterscheiden die folgenden drei Ebenen:

Strategische Ebene: Auf dieser Ebene werden die Gesamtheit und die einzelnen Elemente der gewünschten Unternehmenskultur identifiziert. Der Fokus liegt hier auf einer ganzheitlichen Betrachtung, die die gesamte Organisation umfasst.

Operative Ebene: Auf der operativen Ebene, die auch als Handlungsebene bezeichnet werden kann, werden konkrete Maßnahmen zur Gestaltung der Unternehmenskultur schrittweise, teilweise oder vollständig umgesetzt. Auf der strategischen Ebene identifizierte kulturelle Faktoren werden hier weiterentwickelt oder präzisiert. Ziele aus der strategischen Ebene werden in die tägliche Praxis umgesetzt.

Es werden Prozesse, Rahmenbedingungen, Strukturen und Bewertungssysteme konzipiert und etabliert. Auf dieser Ebene werden Culture Hacks eingesetzt, die jedoch nicht spontan auf individueller Basis erfolgen, sondern vorbereitende organisatorische Maßnahmen erfordern. Drei der vier verschiedenen Typen von Culture Hacks (siehe 4.) sind auf dieser Ebene angesiedelt.

Reflexionsebene: Diese Ebene umfasst strategische Culture Hacks, die darauf abzielen, die täglichen Arbeitsabläufe kontinuierlich auf die Ziele der Unternehmenskultur auszurichten, zu überprüfen und gegebenenfalls einzugreifen. Sie umfasst strategieorientierte Culture Hacks, die als agile und effektive Instrumente zur sofortigen Umsetzung dienen.

Diese drei Ebenen sollten immer in Verbindung betrachtet werden, da ihr Zusammenspiel den Nutzen maximiert.

In der hier vorgestellten Toolbox wird die Prozessgestaltung als Teil von Culture Hacks betrachtet, da Prozesse oft schnell angepasst oder umgestellt werden können, um mit den kulturellen Zielen übereinzustimmen. Während grundlegende Geschäftsprozesse in der Regel schnellen Änderungen widerstehen und nicht als Culture Hacks kategorisiert werden, bleibt die Grenze zwischen ihnen fließend.

Schritt 1: Bestimmen Sie Ihre Kulturfaktoren

Als Richtschnur empfehlen wir zu Anfang 6-10 Kulturfaktoren zu bestimmen. Diese werden sich im Laufe der Zeit verändern, neue Kulturfaktoren rücken in den Fokus, andere verlieren an Bedeutung oder werden schlicht bereits so gut „gelebt“, dass sie keiner weiteren gesonderten Beachtung bedürfen. Was wollen Sie tagtäglich in Ihrem Unternehmen (Team) leben? Das ist die Voraussetzung, um entsprechende Culture Hacks zu identifizieren, die Sie Ihrem Ziel näherbringen.

Kulturfaktoren sind für jedes Unternehmen einzigartig, sollten organisch sein und eher die interne Dynamik widerspiegeln, als auferlegte externe Vorgaben. Ob Innovation, Autonomie,

Agilität, Kundenorientierung, Vertrauen, Zusammenarbeit usw., diese Faktoren ergeben sich aus Ihrer Wettbewerbsposition und Ihren gemachten Erfahrungen: Was hat Ihren bisherigen Erfolg begründet und was wird für den künftigen Erfolg entscheidend sein?

Bei der Ermittlung unternehmensspezifischer kultureller Faktoren kann auf Referenzmodelle wie das Diamantmodell zurückgegriffen werden.

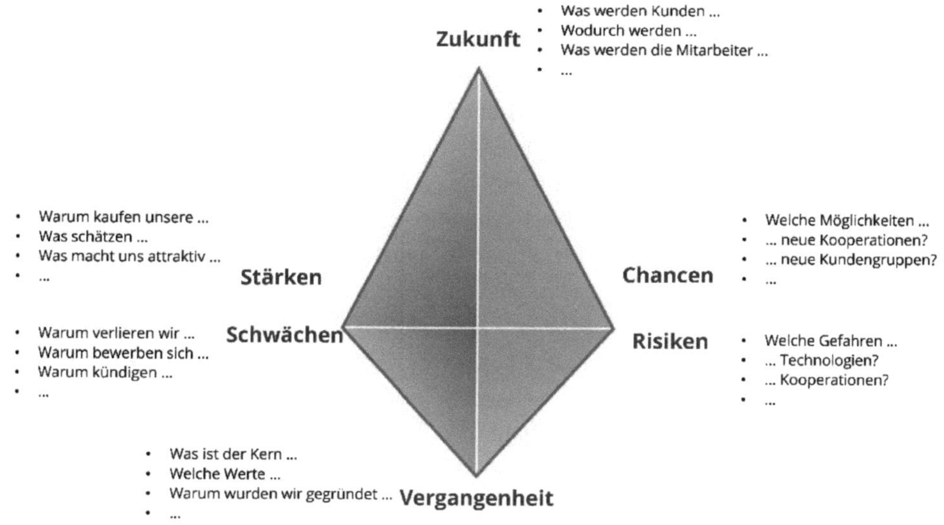

Abbildung 2: Bestimmung der Kulturfaktoren mithilfe des Diamant-Modells (Herget 2020)

Einen umfassenden Leitfaden finden Sie in Herget (2020), aber Sie können mit diesem Grundlagenwissen bereits erste Schritte unternehmen.

3. Wann sind Culture Hacks die bevorzugte Methode?

Culture Hacks - Die Verbindung zwischen Mindset und Verhalten

Culture Hacks sichern durch kleine Impulse eine kongruente Verbindung zwischen Verhalten und Mindset. Diese Impulse halten die gewünschte Unternehmenskultur im Bewusstsein und unterstützen regelmäßig das konkrete Verhalten.

Culture Hacks dienen als Bindeglied zwischen der kommunizierten Unternehmenskultur und der tatsächlich gelebten unternehmerischen Praxis im Alltag. Sie stellen geeignete Interventionen dar, um nicht kulturadäquate Routinen zu unterbrechen und gewünschtes Verhalten zu thematisieren und zur Anwendung zu bringen. Sie dienen der Reflexion in konkreten Aufgabenkontexten und generieren meist einen immensen Lerneffekt.
Um die Wirkung von Culture Hacks (siehe auch Schritt 1) voll entfalten zu können, sind Klarheit über die gewünschte Unternehmenskultur auf der ersten Ebene des Modells und eine operative Umsetzung in den täglichen Prozessen auf der zweiten Ebene erforderlich. Culture Hacks können zwar isoliert angewendet werden, wirken aber willkürlich, wenn der Bezug zur gewünschten Unternehmenskultur nicht klar ist. Culture Hacks sind ein relativ neues Instrument zur Entwicklung der Unternehmenskultur und können als Katalysator für die Ausgestaltung der gewünschten Unternehmenskultur wirken. Culture Hacks stellen somit vor allem die zweite und dritte Ebene des Unternehmenskulturmodells dar. Die Kenntnis der einzelnen Merkmale von Culture Hacks ermöglicht eine systematische Betrachtung und ihre Einordnung.

Culture Hacks bieten Antworten auf folgende Fragen:

- **Wie können eingefahrene Routinen aus der Vergangenheit in Frage gestellt werden?**
- **Wie kann das Bewusstsein für eine kontinuierliche kulturelle Entwicklung gefördert werden?**
- **Wie kann ein Orientierungsrahmen geschaffen werden, um konsequent den richtigen Weg zu gehen?**

Culture Hacks bieten die Möglichkeit, sowohl das Mindset als auch das Verhalten zu überprüfen und gegebenenfalls anzupassen. Sie wirken oft als Impulse und "Erinnerungshilfe", um die kulturelle Entwicklung als fortlaufenden Prozess aufrechtzuerhalten, indem sie ein Meta-Feedback geben, und indem sie die Frage aufwerfen: "Steht unser derzeitiges Verhalten im Einklang mit unseren Zielen?" Auf dieser Ebene sind es vor allem die Führungskräfte, die mit der Entwicklung und Umsetzung geeigneter Culture Hacks betraut sind. Ohne ausreichendes Bewusstsein und Engagement für diesen Ansatz wird sich der Erfolg nicht so leicht einstellen. Die in diesem Buch gegebenen Erläuterungen und Leitlinien dienen als Ausgangspunkt.

Eine reife Unternehmenskultur zeichnet sich auch dadurch aus, dass die Mitarbeiter Culture Hacks in der Teamarbeit oder bei individueller Arbeit einsetzen. Diese Hacks dienen als hilfreiche Werkzeuge, um das Mindset und Verhalten aufeinander abzustimmen und Konsistenz zu gewährleisten.

4. Die verschiedenen Ansätze - eine Typologie der Culture Hacks

Die hier vorgestellte Toolbox basiert auf einem umfassenden Verständnis von Culture Hacks. Insgesamt werden vier verschiedene Typen betrachtet, die sich in ihren Voraussetzungen, ihrer Ausgestaltung und ihrer konkreten Umsetzung deutlich unterscheiden. Trotz dieser Unterschiede besitzen sie alle die Fähigkeit, rasch die Unternehmenskultur zu beeinflussen und zu verändern. Diese Typen schließen sich nicht gegenseitig aus, und ihr jeweiliger oder kombinierter Einsatz sollte je nach Situation entschieden werden.

Die verschiedenen untersuchten Formen von Culture Hacks sind in *Abbildung 3* dargestellt.

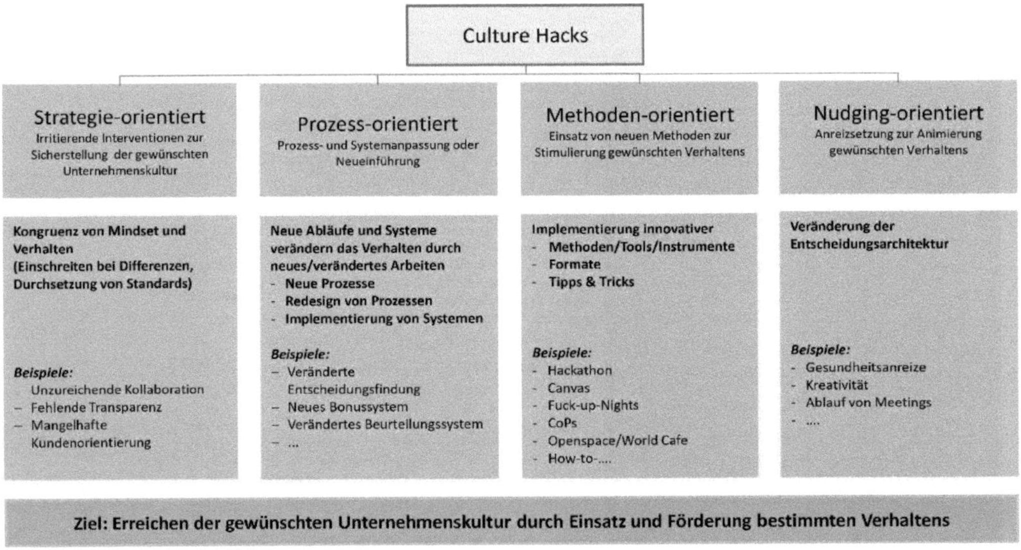

Abbildung 3: Typologie von Culture Hacks (in Anlehnung an Herget 2022)

Im nächsten Abschnitt werden wir uns eingehender mit den vier grundlegenden Ausrichtungen von Culture Hacks befassen.

4.1 Unternehmenskultur im Alltag leben: Strategie-orientierte Culture Hacks

Strategie-orientierte Culture Hacks zielen darauf ab, dass die gewünschten Verhaltensweisen eng mit den tatsächlichen übereinstimmen. Sie sind besonders wirksam bei der Anpassung von Diskrepanzen, die zwischen diesen beiden Aspekten auftreten können. Dieser Kontrast erleichtert die direkte Reflexion und die notwendige Anpassung des Verhaltens. Der kontinuierliche Abgleich des angestrebten Mindsets (abgeleitet aus der gewünschten Unternehmenskultur) mit den tatsächlichen Verhaltensweisen (wie sie im Arbeitsalltag umgesetzt werden), bietet den Raum und den zentralen Ansatzpunkt für entsprechende Culture Hacks.

Strategie-orientierte Culture Hacks erfordern zwar eine anfängliche Vorbereitung, können aber schnell umgesetzt werden. Sie beginnen mit der Identifizierung der wichtigsten Kulturfaktoren, die innerhalb des spezifischen Rahmens des Unternehmens Priorität haben. Diese Identifizierung bildet die Grundlage für die Festlegung entsprechender Maßnahmen und Verhaltensweisen (siehe Beispiele auf Seite 35).

Merksätze:

- **Wie können wir feststellen, ob die spezifischen kulturellen Faktoren tatsächlich gelebt werden? An welchem konkreten Verhalten wird das sichtbar?**
- **Und welche Verhaltensweisen widersprechen den Erwartungen, wie die kulturellen Faktoren umgesetzt werden sollten?**

Die Entwicklung dieser Sensibilität definiert den Schwerpunkt für den Einsatz dieser Culture Hacks. Die Konstruktion der Culture Hacks wird in Herget (2022) ausführlich und mit zahlreichen Beispielen dargestellt. Für unsere Zwecke eines pragmatischen Zugangs mögen diese Ausführungen zum Verständnis reichen.

4.2 Prozesse kulturgerecht anpassen: Prozess-orientierte Culture Hacks

Prozess-orientierte Culture Hacks stellen die etablierten Prozesse im Unternehmen auf den Prüfstand. Durch eine Veränderung dieser Prozesse, wird ein angepasstes Verhalten gefordert, um die Konformität zu gewährleisten. Daher erweisen sich diese Hacks als sehr effektiv, zudem sind die Mitarbeiter es durchaus gewöhnt, dass Prozesse "redesigned" oder neue Prozesse eingeführt werden. Hier sollte auch einer Systematik gefolgt werden, damit diese organisatorischen Änderungen kulturfokussiert erfolgen.

Der Ausgangspunkt ist die Analyse der bisherigen Prozesse verbunden mit der Fragestellung, ob die tradierten Vorgehensweisen, Strukturen, Entscheidungsprozesse, Reporting- und Belohnungs-Systeme etc., auch die richtigen Kulturfaktoren verfolgen und fördern. Diese Culture Hacks können bei einfacheren Prozessen rasch angepasst werden und entfalten sofort ihre Wirkung. Umfangreichere Prozessgestaltungen werden hier allerdings nicht betrachtet. Diese zählen wir folglich nicht zu der hier betrachteten Kategorie von Culture Hacks, da ihre Umsetzung einen längerfristigen Prozess voraussetzt. Der Übergang ist allerdings je nach Komplexität der Organisation fließend.

Weitere Einzelheiten zu diesem Ansatz finden Sie in der Toolbox.

4.3 Kreativ werden und experimentieren: Methoden-orientierte Culture Hacks

Diese Kategorie umfasst Culture Hacks, die als methoden-orientierter Baukasten konzipiert sind. Diese Kategorie ist am einfachsten und mit den geringsten Voraussetzungen anzuwenden. Sie umfasst verschiedene Methoden, Werkzeuge, Checklisten, Kommunikationsstrategien, Arbeitssettings, Tipps und Tricks und vieles mehr. Darunter fallen etwa Formate, die die Zusammenarbeit durch bestimmte Konfigurationen unterstützen oder Hinweise zu Methoden, Instrumenten und Tools bieten, die einen systematischen und strukturierten Prozess anleiten.

Diese Culture Hacks erfordern in der Regel keine umfangreichen Voraussetzungen oder Bedingungen im Vergleich zu den zuvor genannten Kategorien. Sie können unabhängig von einer formalisierten oder definierten Kulturstrategie implementiert werden, wobei eine klare Vision der gewünschten Unternehmenskultur natürlich von Vorteil ist. Je bewusster und gezielter sie eingesetzt werden, desto größer ist ihre Wirkung. Je nach Kontext kann es Überschneidungen mit Nudging-orientierten Culture Hacks geben; so können beispielsweise Praktiken wie Stand-up-Meetings in beide Kategorien fallen. Die meisten in der Toolbox beschriebenen Hacks fallen unter diese methoden-orientierte Kategorie.

4.4 Warum viele kleine Schritte zum Erfolg führen: Nudging-orientierte Culture Hacks

Die vierte Kategorie von Culture Hacks wird durch das Konzept des "Nudging" umschrieben, das in den letzten Jahren an Popularität gewonnen hat und auf das Buch "Nudge. Wie man kluge Entscheidungen anstößt" von Thaler und Sunstein zurückgeht (2008). Dieses in der Verhaltensökonomie verwurzelte Konzept stellt die Vorstellung vom Menschen als rein rationalem Wesen in Frage und erkennt stattdessen unsere inhärenten kognitiven und emotionalen Grenzen an.

Nudging funktioniert durch Beeinflussung des Entscheidungskontextes, der oft als "Entscheidungsarchitektur" bezeichnet wird. Klassische Beispiele umfassen Bereiche wie Gesundheit (z. B. Förderung von Bewegung und gesunder Ernährung), Organspende (Opt-out- vs. Opt-in-Systeme) und Versicherungen (z. B. Altersvorsorge). Zunehmend werden diese Techniken auch im Unternehmensbereich eingesetzt (Harff und McLachlan 2021). Beispiele finden sich in der Toolbox.

Diese subtilen Interventionen zielen darauf ab, die derzeitigen Verhaltensweisen durch die Gestaltung des Entscheidungsumfelds in Richtung eines gewünschten Mindsets zu lenken.

Die Ziele, die mit dem Einsatz verschiedener Culture Hacks verfolgt werden, können unterschiedlich sein, aber es gibt gemeinsame Merkmale:

- **Förderung von Kreativität und Innovation**
- **Förderung von Zusammenarbeit und Vertrauen**
- **Erleichterung von transformatorischem oder unkonventionellem Denken**
- **Verbesserung der Effizienz bei der Aufgabenerledigung**
- **Verbesserung der Rationalität bei der Entscheidungsfindung**

5. Culture Hacks stellen bestehende Normen und Überzeugungen in Frage!

Zum vertieften Verständnis des Einsatzes von Culture Hacks wollen wir noch die Frage erörtern, wie Menschen Informationen wahrnehmen und was ihr Denken und Handeln beeinflusst. Das menschliche Gehirn strebt in der Regel nach Kongruenz, das heißt nach Übereinstimmung von neuen Informationen mit bereits bekannten Mustern. Es versucht, neue Informationen innerhalb des bestehenden Wissensrahmens zu integrieren, da dies energieeffizient ist und vom Gehirn bevorzugt wird. Culture Hacks haben jedoch die Aufgabe, diese gewohnten Muster und Strukturen zu durchbrechen. Ihr Ziel ist es, Musterbrüche zu erzeugen, um neue Denk- und Verhaltensweisen zu ermöglichen oder zumindest anzustoßen. Dies geschieht durch Irritationen, bei denen neue Informationen nicht mehr nahtlos in die vorhandenen Muster passen. Dadurch entsteht Lernen und persönliche Entwicklung.

Wie kann man solche Irritationen erzeugen, sodass sie wahrgenommen und nicht einfach ignoriert werden? Je ausgeprägter die Irritation ist, desto größer ist ihr Potenzial, ein verändertes oder neues Muster zu etablieren. Beim Einsatz von Culture Hacks geht es nicht um minimale oder kaum wahrnehmbare Eingriffe, sondern darum, sie potenziell zu verstärken, um ihre beabsichtigte Wirkung zu erzielen. Dieser Ansatz erfordert Sensibilität, um zu antizipieren, wie der Einzelne reagieren wird. Die Auswirkungen müssen immer sorgfältig im Kontext betrachtet werden. Eine Intervention sollte nicht nur Verwirrung oder Desorientierung stiften, sondern auch einen klaren Ansatzpunkt bieten. Sie sollte erklären, warum bestehende Denk- und Verhaltensmuster sowohl im aktuellen als auch im zukünftigen Kontext nicht mehr förderlich sind. Dies löst oft Abwehrreaktionen aus. Der strategische Einsatz von Culture Hacks ist hier entscheidend. Ihr Ziel ist es, strategiekonformes Denken und Verhalten zu fördern. Deshalb werden die von ihnen ausgelösten Irritationen von einem Angebot begleitet. Die Empfänger von Culture Hacks sollten die Richtung und den Zweck Intervention verstehen. Dies verhindert einen willkürlichen Einsatz, der zu Panikreaktionen wie Erstarren, Flucht oder Kampf führen könnte.

Ziel ist es nicht, Konflikte, Resignation oder hilflose Konfusion zu provozieren, sondern produktives Engagement und das Aneignen neuer Paradigmen anzuregen.

Culture Hacks fördern sowohl die persönliche als auch die organisationale Entwicklung, indem sie Lernprozesse in Gang setzen.

Die verschiedenen Arten von Culture Hacks unterscheiden sich von Natur aus in ihrem Irritationspotenzial. *Abbildung 4* zeigt ein Portfolio mit Achsen, die das "Irritationspotenzial" und das "Kulturgestaltungspotenzial" darstellen und eine kategorische Einordnung ermöglichen.

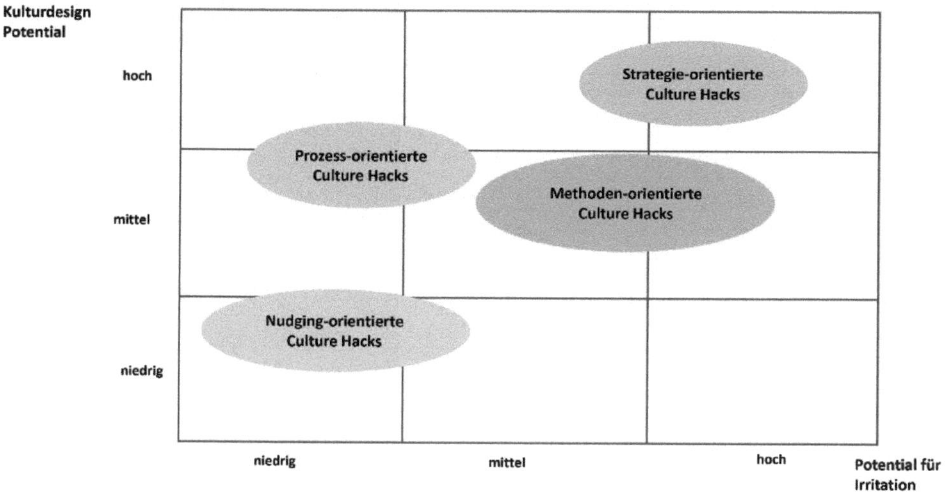

Abbildung 4: Irritationspotenzial verschiedener Culture Hacks (Herget 2022)

Culture Hacks irritieren zunächst die bestehenden Denkmuster (Mindsets) oder Verhaltensweisen (Handlungen oder Praktiken) der Empfänger durch ihren provokativen Charakter. In einem effektiven Szenario führt diese absichtliche Irritation dazu, dass die Empfänger erkennen, dass ihr aktuelles Verhalten, das den Einsatz des Culture Hacks ausgelöst hat, nicht mit den gewünschten Zielen der Organisation übereinstimmt. Ein Culture Hack, der auf die Strategie abgestimmt ist, setzt voraus, dass man sich der gewünschten Kultur bewusst ist und gleichzeitig anerkennt, dass das aktuelle Denken und/oder Verhalten diese noch nicht vollständig widerspiegelt.

Culture Hacks dienen als Stimuli, um bestimmte Denk- oder Verhaltensweisen mit der Kulturstrategie in Einklang zu bringen, und fungieren als Katalysatoren, um die gewünschten Veränderungen in der Denkweise und im Handeln anzustoßen und die Ausrichtung auf die übergeordneten Ziele und Werte der Organisation sicherzustellen.

6. Das bewirken Culture Hacks bei richtiger Anwendung

Culture Hacks haben das Potenzial, neue Einsichten und Erkenntnisse zu schaffen. Sie fördern das individuelle Lernen und die persönliche Entwicklung im Arbeitskontext, indem sie den Denk- und Handlungsspielraum erweitern. Darüber hinaus können sie das soziale Miteinander beeinflussen, indem sie die Interaktionsmuster in Teams und Organisationen verändern. Die Essenz von Culture Hacks liegt also darin, etablierte Muster zu unterbrechen, um innovatives Denken und Handeln zu ermöglichen. Culture Hacks weisen die folgenden Merkmale auf (Gartner 2018, Herget 2022), die je nach Art des Culture Hacks allerdings von unterschiedlicher Bedeutung sein können:

- **Culture Hacks wecken Emotionen und können die Beteiligten aus der Komfortzone holen, was zunächst Unbehagen verursacht.**
- **Sie werden in der Regel sofort und unmittelbar nach einem bestimmten Ereignis ohne Verzögerung eingesetzt.**
- **Culture Hacks machen die zugrunde liegenden Probleme für die Beteiligten sichtbar und erfahrbar, da sie durch konkrete Vorfälle ausgelöst werden.**
- **Die Umsetzung von Culture Hacks erfordert den Mut des Initiators.**
- **Culture Hacks haben immer eine konstruktive Absicht, auch wenn dies für die Betroffenen nicht immer sofort erkennbar ist.**

Ihre Wirkung erstreckt sich auf die individuelle, soziale und organisationale Ebene und fördert die Entwicklung von Individuen und Organisationen gleichermaßen. Sie stellen ein neuartiges und bewährtes Instrument zur Gestaltung der Unternehmenskultur dar.

Gleichzeitig sei betont, dass die hier aufgeführten „Culture Hacks“ nicht allein einen nachhaltigen Kulturwandel gewährleisten können. Sie ermöglichen zwar eine rasche Kulturveränderung, allerdings zumeist nur in einem Teilbereich. Eine erfolgreiche Kulturgestaltung fußt immer auf langfristigem, beharrlichen „Dranbleiben“, wie es im Architektur-Modell (S. 15) betont wird. Durch Culture Hacks kommt man rasch ins Tun und erzielt erste Ergebnisse. Diese können jedoch nur durch konsequentes Durchhalten über längere Zeit nachhaltig gesichert werden.

7. Das sind Ihre Leitprinzipien und Orientierungspunkte

Um Culture Hacks effektiv zur Förderung der kulturellen Entwicklung einzusetzen, sollten Sie die folgenden Empfehlungen berücksichtigen:

1. Es ist von entscheidender Bedeutung, ein klares Verständnis der gewünschten Werte, Ziele oder Strategien als Grundlage zu haben. Diese definieren die anzustrebenden kulturellen Faktoren und bilden den Rahmen für die gewünschte Entwicklung. Culture Hacks dienen als Anhaltspunkte für die Bewertung des Verhaltens in Bezug auf diese kulturellen Faktoren und tragen dazu bei, die Dynamik des kulturellen Wandels aufrechtzuerhalten und einen Rückfall in alte, unerwünschte Routinen zu vermeiden.
2. Culture Hacks produktiv und effektiv umzusetzen erfordert:
    - Die **Mitarbeiter** sollten ein umfassendes Verständnis für die Werte, Ziele, Strategien und gewünschten kulturellen Faktoren des Unternehmens haben.
    - Die **Führungskräfte** sollten wissen, wie sie Culture Hacks konstruieren können.
    - Sensibilität und Klarheit bei der Identifizierung von Situationen, in denen Culture Hacks zur kontinuierlichen kulturellen Entwicklung des Unternehmens beitragen können.
    - Fördern Sie die kollektive Reflexion über die Ergebnisse dieser Interventionen, um Erkenntnisse für künftige Maßnahmen zu gewinnen. Dieser Prozess kann zunächst in Peer-Groups oder unter Kollegen erprobt werden und wird mit zunehmender Erfahrung später auf weitere Mitarbeiter ausgedehnt.

Culture Hacks sind ein wirkungsvolles Instrument zur Gestaltung einer gewünschten Unternehmenskultur. Ihre Rolle als möglicher Auslöser von Irritationen und möglicher emotionaler Belastung muss jedoch sorgfältig abgewogen werden. Ohne entsprechende Vorbereitung ist es ratsam, sie zunächst in ihren grundlegendsten und einfachsten Anwendungen einzusetzen.

Culture Hacks sind darauf ausgelegt, bestimmte Irritationen auszulösen und etablierte Muster zu unterbrechen, was eine kompetente und angemessene Anwendung erforderlich macht. Viele Culture Hacks, insbesondere die methoden-orientierten, lassen sich sicher und mit minimalem Risiko negativer Folgen umsetzen.

8. Ihre Toolbox als methodischer Leitfaden für Veränderung

Die in dieser Toolbox vorgestellten Culture Hacks sind bewährte und wirksame Instrumente zur Förderung des kulturellen Wandels. Um die schnelle Identifizierung relevanter Culture Hacks zu erleichtern, können sie in verschiedenen strukturierten Formaten organisiert werden. Vor allem in digitalen Formaten verbessert dies die Navigation erheblich und ermöglicht ein schnelles Auffinden potenziell relevanter Culture Hacks. Eine bewährte Möglichkeit besteht darin, sie nach aktuellen kulturellen Faktoren zu kategorisieren.

Dieses zusätzliche Auswahlkriterium in Verbindung mit der alphabetischen Sortierung, dem Schwierigkeitsgrad, dem Zielpublikum und der Geschwindigkeit der Umsetzung und Wirkung macht es zu einer unverzichtbaren Ressource für Kulturmanager. *Abbildung 5* zeigt ein Beispiel.

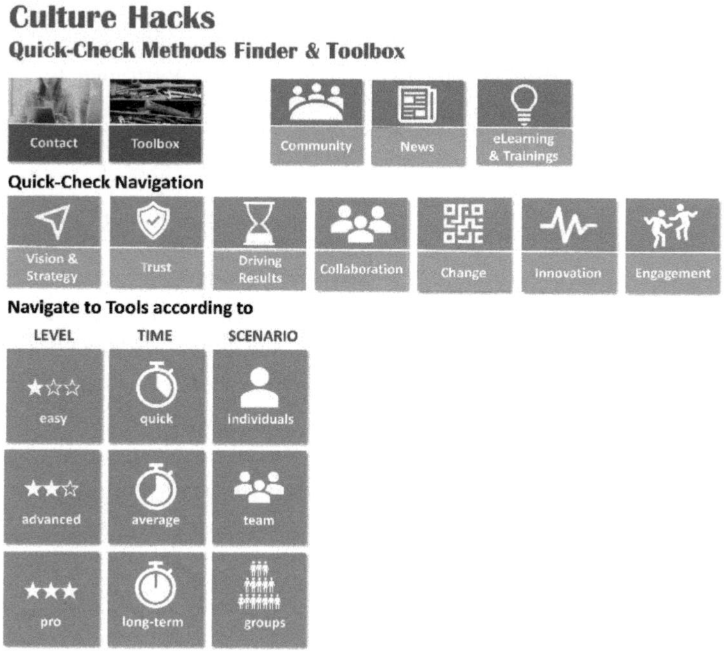

Abbildung 5: Zuordnung der einzelnen Tools zu den jeweiligen Kulturfaktoren (exemplarisch)

Dieser Prototyp ist als interaktive PowerPoint-Vorlage über www.excellence-edition.com zugänglich

Weitere Einzelheiten finden Sie auf Seite 152 dieses Buches.

Der Einsatz der Toolbox erleichtert die Implementierung von Culture Hacks in Unternehmen unmittelbar. Sie fungiert als Katalysator für die Identifizierung geeigneter Tools, die bestimmte kulturelle Faktoren unterstützen. In größeren Organisationen dienen diese Tools auch als Eckpfeiler für Wissensmanagement und Best Practices, indem sie Erfahrungen, Kontakte und andere relevante Informationen enthalten können, die anderen Unternehmensbereichen bei ihren Implementierungsbemühungen helfen.

Schritt 2:
Nach der Darlegung eines umfassenden Verständnisses von Culture Hacks geht es im nächsten Schritt um die Auswahl geeigneter Culture Hacks, die auf die gewünschten Kulturfaktoren zugeschnitten sind.
Hier können Sie aus einer Vielzahl von Culture Hacks wählen. Die Möglichkeit des Erfahrungsaustauschs über Bedingungen und Ergebnisse wird das Vertrauen in die Umsetzung von Culture Hacks weiter stärken.

Schritt 3:
Jetzt gehen wir dazu über, die Vorarbeiten aus den vorangegangenen Schritten zu integrieren: In Schritt 3 werden die Schritte 1 und 2 in ein flexibles Instrument für Führungskräfte integriert. Nach der Identifizierung der einzelnen Kulturfaktoren (Schritt 1) sollten die verfügbaren Culture Hacks nun auf diese spezifischen Faktoren abgestimmt werden. Welcher Culture Hack unterstützt die jeweiligen Kulturfaktoren am besten? Gibt es vielleicht einige Culture Hacks, die gleichzeitig zwei oder mehr Faktoren unterstützen können? Als Hilfestellung bieten wir Ihnen im Folgenden 50 Culture Hacks zur Auswahl an.

Unser empfohlener Ansatz:

1. Analysieren Sie alle Culture Hacks und bewerten Sie ihr Potenzial, die relevanten Kulturfaktoren nachhaltig zu verbessern. Lassen Sie sich inspirieren! Schon eine einzige gut gewählte neue Maßnahme kann unschätzbare Vorteile bringen.

Abb. 6: Individualisieren Sie Ihre Culture Hacks Toolbox

2. Entwickeln Sie ein System, das potenzielle Culture Hacks den einzelnen Kulturfaktoren zuordnet. Zur besseren Veranschaulichung haben wir in Abbildung 6 ein Beispiel für ein solches Mapping dargestellt. Dieser Filterungsprozess wird in Schritt 2 beschrieben.
3. Priorisieren Sie die Culture Hacks auf der Grundlage ihres potenziellen Beitrags zur Förderung der ausgewählten Kulturfaktoren. Zu diesem Zweck werden für jeden Culture Hack zusätzliche Attribute wie Dauer, Schwierigkeitsgrad und der Wirkungskreis (Teilnehmer) angegeben. Weitere Einzelheiten finden Sie in unserem Angebot auf Seite 152. Dies hilft Ihnen dabei, die Toolbox schnell zum betrieblichen Einsatz zu bringen. Übertreiben Sie es jedoch nicht: Ein gut umgesetzter Culture Hack ist besser als drei, die ihre beabsichtigte Wirkung nicht erzielen, was die Glaubwürdigkeit Ihres kulturellen Wandels untergraben könnte.

Treffen Sie Ihre Auswahl!

Mit der Zeit können Sie weitere Culture Hacks in Ihre Planung einbeziehen.

Setzen Sie sie in die Tat um!

Mit diesem Ansatz können Sie schnell und effektiv die Kultur entwickeln und gestalten, die Sie sich wünschen. Bauen Sie die Unternehmenskultur auf, die Sie brauchen, um den langfristigen Erfolg Ihres Unternehmens zu sichern.

Viel Glück!

Literatur

Gartner (2018): Culture in Action. The role of leaders in making culture perform. https://www.gartner.com/en/executive-guidance/culture.html [zugegriffen 18.11.2019]

Harff, C., McLachlan, C. (2021): Corporate Nudging: Verhaltensmuster in Organisationen durch intelligente Anstupser verändern, Haufe

Herget, J. (2020): Unternehmenskultur gestalten. Systematisch zum nachhaltigen Unternehmenserfolg. Springer Gabler.

Herget, J. (2022): Culture Hacks strategisch einsetzen. Mit gezielter Irritation zur gewünschten Unternehmenskultur. Springer Gabler

Thaler, R.H., Sunstein, C.R. (2008). Nudge: improving decisions about health, wealth, and happiness, Yale University Press, New Haven

Die Culture Hacks Toolbox

LEVEL	TIME	SCENARIO
★★☆ advanced	average	group(s)

Culture Hacks

Strategie-orientierte Culture Hacks

Zusammenfassung

Strategie-orientierte Culture Hacks konzentrieren sich darauf, die Kluft zwischen erwartetem und tatsächlichem Verhalten zu überbrücken. Sie sind zwar hocheffektiv und können sofortige Ergebnisse liefern, erfordern aber eine sorgfältige Vorbereitung.

Zielsetzung

Strategische Hacks sind die direkteste Maßnahme, um sicherzustellen, dass die gewünschte Kultur in Alltagssituationen gelebt wird. Sie erfordern eine sorgfältige Vorbereitung. Ihre Anwendung erfordert eine gründliche Planung, wann und wie sie effektiv umgesetzt werden können.

Begründung

Sie zielen darauf ab, Diskrepanzen zwischen erwünschtem (erwartetem) und tatsächlichem Verhalten zu beseitigen, wobei die Kongruenz des Verhaltens als Ziel gilt.

Beschreibung und Vorgehen

Manager, die strategische Hacks einsetzen wollen, müssen sich darüber im Klaren sein, unter welchen Umständen ihr Einsatz vorteilhafte Ergebnisse und Lernmöglichkeiten für die Mitarbeiter und ihre jeweiligen Organisationseinheiten mit sich bringen wird.

Erfolgsfaktoren

- Gute Vorbereitung
- Courage

Voraussetzungen

Persönliche Bereitschaft
Organisationale Bereitschaft
(Herget 2022)

Umsetzung

Konstruktionsprinzipien:

- **Fordern Sie das praktizierte Verhalten heraus:**
  - *"Wenn wir so weitermachen, werden wir dann unsere Ziele erreichen?"*
  - *"Steht dieses Verhalten im Einklang mit unserer Strategie?"*
  - *"Stellen Sie sich vor, wenn sich alle ausschließlich so verhalten würden, würden wir dann noch unsere Ziele erreichen?"*
  - ...
- **Übertreibung** des spezifischen Verhaltens, um die Folgen für das Unternehmen zu verdeutlichen.
- **Erweitern Sie** die Diskussion über das Verhalten und setzen Sie es mit den gewünschten Ergebnissen in Beziehung.
- **Stellen Sie das praktizierte Verhalten seinem Gegenteil gegenüber** und untersuchen Sie die daraus resultierenden Konsequenzen.
- **Verstärken Sie die Umsetzung erwünschter Verhaltensweisen**, die derzeit nicht (ausreichend) vorhanden sind.
- **Hilfe oder Unterstützung leisten:**
  "Was kann ich tun, damit das Verhalten im Einklang mit der Strategie ausgeführt werden kann?"
- **Bitten Sie um Erklärungen**, warum die ergriffenen Maßnahmen nicht mit der Strategie übereinstimmen.
- **Diskutieren Sie**, wie andere reagieren würden, wenn die Rollen vertauscht wären:
  "Was würden Sie tun, wenn Sie an meiner Stelle wären?"

Diese Maßnahmen sollten sofort ergriffen werden, wenn eine Abweichung zwischen erwartetem und praktiziertem Verhalten festgestellt wird.

Herausforderungen

Die Anwendung dieser Hacks erfordert Mut und kann auf Widerstand stoßen.

Links/Literatur/Fälle

Herget, J. (2020): Unternehmenskultur gestalten. Systematisch zum nachhaltigen Unternehmenserfolg. Springer Gabler.

Herget, J. (2022): Culture Hacks strategisch einsetzen. Mit gezielter Irritation zur gewünschten Unternehmenskultur. Springer Gabler.

LEVEL	TIME	SCENARIO
★★☆ advanced	average	group(s)

Culture Hack

Prozess-orientierte Culture Hacks

Zusammenfassung

Prozess-orientierte Culture Hacks umfassen alle Veränderungen von Routinen, Prozessen, Re-Designs, Strukturen, Entscheidungswegen und weiteres. Ähnlich wie bei Kaizen umfassen sie alle Veränderungen, die die Praxis auf ein höheres Level heben.

Zielsetzung

Prozess-Hacks führen neue Arbeitsweisen ein. Sie verändern bestehende Praktiken, manchmal mit kleinen Anpassungen, die der Kaizen-Philosophie ähneln. Wir stellen zwei unterschiedliche Ansätze vor: Der erste beinhaltet eine umfassende Neugestaltung des gesamten Prozesses, während der zweite eine „Lean Methode" anwendet, die sich auf die Identifizierung von Änderungen konzentriert, die zu besseren Ergebnissen führen.

Begründung

Das Fortschreiten der Arbeitsweisen einer Organisation in die nächste Stufe des Reifegradmodells bringt unweigerlich Prozessänderungen mit sich - Änderungen in der Art und Weise, wie Aufgaben ausgeführt werden. Wenn diese Änderungen systematisch angegangen werden, verbessern sie die Prozesseffizienz, die Geschwindigkeit, die Qualität, die Kosteneffizienz und weitere Faktoren.

Erfolgsfaktoren

- Bewahren Sie sich eine offene Einstellung, um aktiv nach Verbesserungsmöglichkeiten zu suchen.
- Beauftragen Sie diejenigen, die die Aufgaben täglich ausführen, mit der Leitung der Verbesserungsmaßnahmen, da sie die Herausforderungen und Lösungen am besten kennen.

Voraussetzungen

Reifegradmodell (Optimierungen möglich)

Beschreibung und Vorgehen

Der erste Ansatz besteht aus mehreren Phasen. Diese Methode wird im folgenden Diagramm anhand eines Beispiels veranschaulicht:

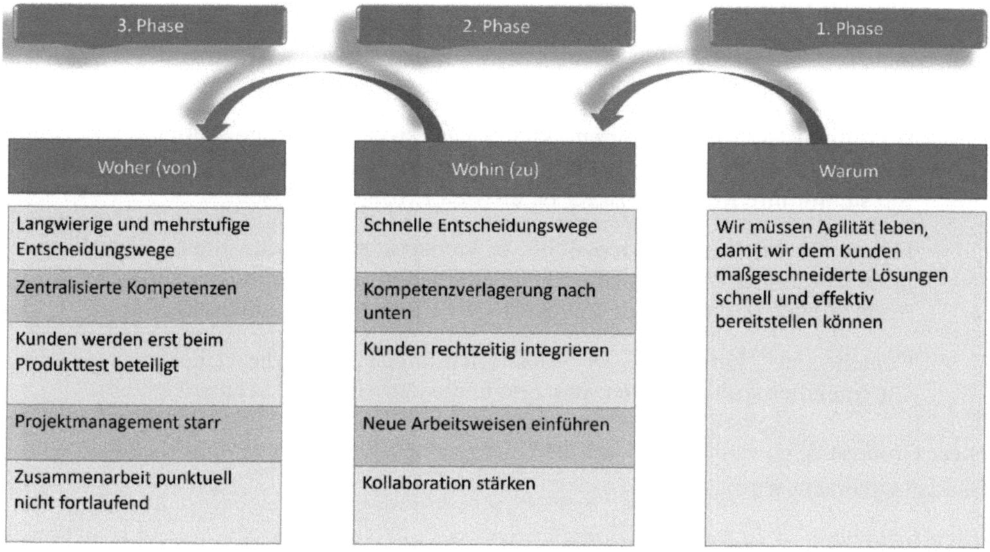

Der Prozess besteht aus drei Phasen, die im beschrieben werden:

3 Phasen

1. Definieren Sie den Zweck (warum): Erläutern Sie die Gründe für die Analyse dieses (Sub)-Kulturfaktors.
2. Bestimmen Sie das Ziel (was Sie erreichen wollen): Ermitteln Sie die wesentlichen Verhaltensweisen, Prozesse, Routinen, Strukturen und Arbeitsmethoden, die benötigt werden.
3. Bewertung des Ausgangspunkts (woher): Bewerten Sie die derzeitigen Praktiken, indem Sie vergleichen, was sich bewährt und was nicht.

Der Transformationsbedarf ergibt sich aus dem Vergleich der Phasen 2 und 3.

Leitprinzipien:

Der erste Ansatz sieht den Manager als Coach und Initiator vor

- Ermöglichen Sie den Mitarbeitern (dem Team), Vorschläge zu entwickeln und dabei ihr Fachwissen zu nutzen.
- Sicherstellen, dass die vorgeschlagenen Lösungen bei den Mitarbeitern auf große Resonanz stoßen und die Akzeptanz und Motivation fördern.
- Ermutigen Sie die beteiligten Mitarbeiter, zwei zukünftige Verhaltensweisen auszuwählen, die sie in Projekten oder Prozessen konsequent anwenden. Bitten Sie sie um ihre Meinung zu KPIs, um den Erfolg zu messen.
- Führen Sie in den nächsten 4 bis 6 Monaten zwei-wöchentliche Fortschrittsgespräche mit dem verantwortlichen Mitarbeiter, um Erfahrungen zu überprüfen, Anpassungen vorzunehmen und bei Bedarf Unterstützung zu leisten.
- Gemeinsame Reflexion der Teamerfahrungen, um die Übertragung der Unternehmenskultur von der Strategie in die täglichen Praxis zu erleichtern.

Diese Grundsätze gewährleisten, dass die Unternehmenskultur mit der täglichen Praxis in Einklang gebracht wird.

Beim zweiten Ansatz wird eine Lean Methode angewandt

Betrachten Sie Ihr Reifegradmodell für einen bestimmten Aspekt:

✶ Ermitteln Sie, ob Änderungen erforderlich sind, um den nächsten Level zu erreichen oder identifizieren Sie das Verbesserungspotential eines Prozesses.

✶ Optimieren Sie den ermittelten Prozess, indem Sie Schritte, Routinen, Entscheidungsprozesse, Berichte usw. anpassen.

Befolgen Sie die oben genannten Leitprinzipien bei späteren Überprüfungen, um das Verfahren anzupassen und eine erfolgreiche Prozessumgestaltung sicherzustellen.

Umsetzung

Für den ersten Ansatz können Sie die oben beschriebenen Methoden verwenden, wobei Sie sicherstellen, dass die direkt an diesen Prozessen Beteiligten die Führung übernehmen.

Herausforderungen

- Sorgen Sie für ein gründliches Verständnis des Zwecks (das "Warum") hinter den Kulturfaktoren, um Motivation und Engagement während des gesamten Transformationsprozesses aufrechtzuerhalten.
- Identifizieren und priorisieren Sie die wesentlichen Verhaltensweisen, Prozesse, Routinen, Strukturen und Methoden, die geändert oder verbessert werden müssen.
- Stellen Sie die derzeitigen Praktiken (das "Woher") den geplanten Verbesserungen (das "Wohin") gegenüber, um einen klaren Weg nach vorne zu finden.

Diese Herausforderungen machen deutlich, wie wichtig eine strategische Ausrichtung, eine kontinuierliche Kommunikation und eine solide Evaluierung sind, um die Transformationsphasen erfolgreich zu durchlaufen und eine sinnvolle kulturelle Integration von der Strategie bis zur täglichen Arbeitspraxis zu erreichen.

Links/Literatur/Fälle

Herget, J. (2020): Unternehmenskultur gestalten. Systematisch zum nachhaltigen Unternehmenserfolg. Springer Gabler.

Herget, J. (2022): Culture Hacks strategisch einsetzen. Mit gezielter Irritation zur gewünschten Unternehmenskultur. Springer Gabler.

LEVEL	TIME	SCENARIO
★★☆ advanced	quick	team

Culture Hack

Ambassador of Change

Zusammenfassung

Allein werden Sie nicht viel erreichen. Botschafter des Wandels sind die Menschen, die Sie brauchen, um Ihr Projekt voranzubringen, egal was passiert!

Zielsetzung

Bringen Sie andere in der Organisation dazu, sich an dem Projekt zu beteiligen. Finden Sie relevante Führungskräfte, die Ihnen und dem Prozess vertrauen!

Begründung

Projekte brauchen Unterstützung und Vertrauen, damit sie reibungslos umgesetzt werden können. Am besten holen Sie sich die Unterstützung bereits im Vorfeld. Ermitteln Sie, wer für Ihr Projekt entscheidend sein wird. Wenn Sie sich frühzeitig darum kümmern, werden Ihre Projekte Erfolg haben.

Beschreibung und Vorgehen

Botschafter des Wandels und eine Koalition von Unterstützern sind entscheidend für den Projekterfolg. Sammeln und überzeugen Sie Unterstützer schon lange vor der Umsetzung.

Erfolgsfaktoren

- Versuchen Sie, alle Mitarbeiter gleichermaßen wertzuschätzen, auch die „schwierigen". Jeder hat seine eigenen Kämpfe. Seien Sie nett.
- Aufrichtiges Interesse an anderen und an dem, was sie motiviert, hat schon immer zu wunderbaren Ergebnissen für alle Beteiligten geführt.

Voraussetzungen

Keine.

Umsetzung

Identifizieren Sie Meinungsführer und einflussreiche Persönlichkeiten in der Organisation und sichern Sie sich deren Unterstützung für Initiativen, oder übertragen Sie ihnen die Projektleitung und Überzeugungsarbeit und unterstützen Sie ihre Aktivitäten (Kotter, 2012).

Ein praktisches Beispiel aus der Praxis zeigt, wie Botschafter des Wandels zum Erfolg von Initiativen beitragen können:

Ein internationales Unternehmen plante die Einrichtung einer Intranet-Plattform für seinen Hauptsitz und alle 19 Niederlassungen weltweit. Zu dieser Zeit hatte jede Landesgesellschaft ihr eigenes Intranet, das auf ihre spezifischen Bedürfnisse zugeschnitten war. Eine einheitliche Plattform für alle würde jedoch mit diesen nationalen Intranet-Plattformen konkurrieren, verstreute Schattensysteme schaffen und die Arbeit und Zusammenarbeit erschweren.

Der Projektleiter, der für die Einführung der neuen unternehmensweiten Kooperationsplattform verantwortlich war, beantragte das Budget und die Zeit, um alle 19 Länderbüros zu besuchen und mit dem Management und den Mitarbeitern zu sprechen, um deren Vertrauen und Unterstützung zu gewinnen. Mit dieser Genehmigung machte er sich auf den Weg. Indem er aufrichtiges Interesse an den Inhalten und Funktionen zeigte, die die Niederlassungen für die neue Plattform benötigten, erwarb er umfangreiches Wissen, Kooperation und Vertrauen. Es entstanden sogar einige Freundschaften.

Er kehrte mit einer Fülle von Erkenntnissen, Informationen und Ideen zurück, die er in das Projekt integrierte. Er hatte den nationalen Niederlassungen zugesichert, dass ihre Informationen im zentralen Intranet vertreten sein würden, und sie waren erfreut zu sehen, dass er sein Versprechen gehalten hatte. Insgesamt haben die Reisen und Gespräche die Plattform verbessert und dafür gesorgt, dass sich die Menschen vertreten fühlten und sich einbrachten, was zu ihrem Erfolg führte.

Die neue Plattform hat einen großen Erfolg in Bezug auf die Akzeptanz erzielt. Die zu Beginn investierte Zeit hat sich um ein Vielfaches ausgezahlt. Es ist viel effizienter, eine große Zahl von Menschen von Anfang an einzubeziehen, als ihnen zu sagen, sie sollen ein System übernehmen, an dessen Entwicklung sie nicht beteiligt waren.

Wenn die Kommunikation gut gemacht ist, wird sie mit Vertrauen und Erfolg belohnt.

Herausforderungen

Es wird immer Leute geben, die Sie nicht mögen - und Leute, die wiederum Sie auch nicht wirklich mögen. Aber das macht nichts. Wir müssen andere Menschen nicht mögen, um gut mit ihnen zusammenzuarbeiten. Es ist jedoch hilfreich, wenn wir sie mögen. Auch zwischen Menschen, die sich nicht mögen, ist eine gute Zusammenarbeit möglich. Machen Sie das "Mögen" nicht zu einer Voraussetzung für den Erfolg; es ist nicht notwendig.

Links/Literatur/Fälle

Kotter, J. (2012) Leading Change. Harvard Business Review Press. Boston.

Kotter, J. (2017) Our Iceberg is Melting: Wandel und Erfolg unter allen Bedingungen: Changing and Succeeding Under Any Conditions. Macmillan: New York.

Kotter, J. (2013) Unser Eisberg schmilzt. Video. https://youtu.be/hB-c3pJR0qU

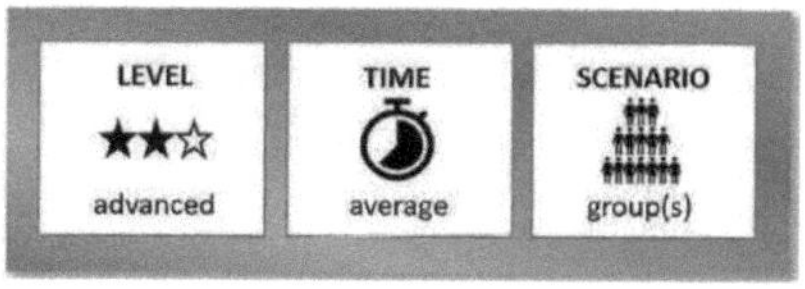

Culture Hack

Ask Me Anything (AMA)

Zusammenfassung

Das Format "Ask Me Anything" (AMA) dient dazu, die Transparenz zu erhöhen, insbesondere in größeren Organisationen, und macht Führungskräfte wirklich ansprechbar. AMA hilft den Führungskräften, die aktuelle Stimmung innerhalb der Belegschaft zu erfassen, und die Mitarbeiter können durch den offenen Dialog Vertrauen aufbauen.

Zielsetzung

Verbesserung der Transparenz und der Verbindung, während gleichzeitig Einblicke in die Kultur und Atmosphäre gewährt werden. Dies dient als Grundlage für weitere Kulturinterventionen, falls erforderlich.

Begründung

Immer dann, wenn es an relevanten Informationen mangelt oder die Gründe für Entscheidungen unklar oder widersprüchlich erscheinen, werden Gerüchte entstehen. Im Hinblick auf die Kultur gehören Gerüchte zu den ungesündesten Phänomenen, denen wir begegnen können. Schnell entsteht eine alternative Führung, und Mitarbeiter verbringen zu viel Zeit mit der Verbreitung von Verdächtigungen. Da Gerüchte inoffiziell sind, können sie nicht direkt angesprochen oder gesteuert werden.

Hintergrund aus Psychologie und Anthropologie: Das Aufkommen von Gerüchten ist ein natürlicher Prozess, da die Menschen dazu neigen, Führungspersönlichkeiten zu unterstützen, die sich mehr um das System kümmern als um sich selbst. Ein Mangel an Informationen erzeugt Misstrauen. Deshalb sind Offenheit und Verbindung das beste Mittel, um Gerüchten vorzubeugen.

Erfolgsfaktoren

- Einige Führungskräfte sind bessere Kommunikatoren als andere, weil die persönlichen Eigenschaften und Charakterzüge unterschiedlich sind - und wir brauchen alle Fähigkeiten in einem Unternehmen. Für das Format der AMA können Sie jedoch prüfen, wer der beste Kommunikator im Führungsteam ist.

Voraussetzungen

Keine.

Beschreibung und Vorgehen

Das Format wurde ursprünglich in einem Buch von Marty Klein in den 1990er Jahren vorgeschlagen. Derzeit wird es auch am Ende von Präsentationen verwendet. In einem öffentlichen Umfeld wird das Format in der Regel von Referenten mit Fachwissen verwendet. Öffentliche AMA-Sitzungen mit Führungskräften sind eher selten, da es Aspekte der Geschäftsstrategie gibt, die nicht nach außen getragen werden sollten. Wir vermeiden es in der Regel, unseren Wettbewerbern mitzuteilen, wie wir auf dem Markt gewinnen wollen.

Umsetzung

Bei der Vermittlung von Fachwissen kann eine moderierte Abfolge und Auswahl von Fragen verwendet werden, um den größtmöglichen Nutzen für das Publikum zu erzielen. Für die Moderation und die Anzeige ausgewählter Publikumsfragen können verschiedene Tools verwendet werden, z. B. Plattformen wie www. slido.com.

In einem internen Rahmen bieten in der Regel die ranghöchste Führungskraft oder alle Führungskräfte eine AMA-Sitzung für das Publikum im Anschluss an eine Präsentation oder als eigenständiges Format an. Je nach der Anzahl der Teilnehmer kann die Sitzung moderiert oder ad hoc durchgeführt werden. Moderationstools, wie sie bei öffentlichen Veranstaltungen verwendet werden, sind intern nicht zu empfehlen, da sie den Verdacht auf kuratierte Fragen erwecken und möglicherweise kontraproduktiv sein können.

Es ist nicht notwendig, alle Fragen zu beantworten, denn es kann triftige Gründe geben, warum bestimmte Informationen im Moment nicht offengelegt werden können. Aber allein die Tatsache, dass eine Führungskraft der Belegschaft versichert, dass sie ihr Bestes tut, ist wirksamer als gar keine Informationen zu geben.

Herausforderungen

Die Antwort "Ich weiß es einfach nicht (jetzt)" ist akzeptabel. Unter unvorhersehbaren Bedingungen, wie z. B. unvorhergesehenen Umständen, die sich über Nacht ändern können, ist es am besten, keine falsche Sicherheit zu schaffen und keine Garantien zu geben, die nicht eingehalten werden können. **Wenn die Dinge unsicher sind, muss jeder mit dieser Unsicherheit leben.** Etwas versprechen, das über die eigene Entscheidungsfindung und Macht der Beeinflussung hinausgeht, führt letztendlich zu Enttäuschung und dem Gegenteil unseres Ziels: Schließlich auch zum Verlust der Glaubwürdigkeit.

Der Mensch ist flexibel und kann sich an Instabilität anpassen. Teams können unter schwierigen Bedingungen gedeihen, wenn sie sich der Realität bewusst sind und sich ihr stellen. Wir können auch die Mitarbeiter bitten, sich zu überlegen, wenn sie verantwortlich wären: Würden sie sich entscheiden, alles zu riskieren, Leben und Sicherheit aufs Spiel zu setzen oder einen Teil der Belegschaft zu entlassen? Würden sie sich den Konsequenzen von Audits, Untersuchungen, strafrechtlicher Verfolgung oder dem Verlust ihrer Position stellen? Es ist leicht, von anderen Entscheidungen zu verlangen, wenn diese die Auswirkungen zu verantworten haben. **Deshalb sollte die Entscheidungsfindung immer bei denjenigen verbleiben, die die Konsequenzen des Ergebnisses tragen.**

Wann immer die Entscheidung von der Verantwortung losgelöst ist, werden Probleme entstehen. Daher sollten wir uns bemühen, eine solche Diskrepanz zu vermeiden.

Links/Literatur/Fälle

Hansen, M. E. (2021) I Invited My Employees to 'Ask Me Anything.' Here's What I Learned. https://www.entrepreneur.com/growing-a-business/i-invited-my-employees-to-ask-me-anything-heres-what-i/376591

Mader, I. (2019) Der Werkzeugkasten des Informations- und Wissensmanagements. Excellence Edition No. 10, 2022. Excellence Research, Wien.

LEVEL	TIME	SCENARIO
★★☆ advanced	average	group(s)

Culture Hack

Bootcamp

Zusammenfassung

Schnell wachsende Unternehmen sehen sich mit der Herausforderung konfrontiert, dass Senior-Experten häufig von Junioren unterbrochen werden, was die Produktivität der Experten verringert, und ihre Arbeit stört. Bootcamps können genutzt werden, um eine Gruppe neuer Mitarbeiter auf ein bestimmtes Niveau von Grundkenntnissen über die wichtigsten Unternehmensbereiche zu bringen.

Zielsetzung

Verringern Sie Unterbrechungen, um die Produktivität älterer Mitarbeiter zu erhalten und neuen Mitarbeitern von Anfang an eine Unternehmenskultur zu vermitteln.

Begründung

Helfen Sie den Senior-Experten, produktiv zu bleiben, indem Sie jeden auf den gewünschten Stand der Grundkenntnisse über das Wesentliche im Unternehmen bringen und die gewünschte Kultur von Anfang an fördern.

Beschreibung und Vorgehen

Das Company Essentials Bootcamp kann ein Workshop oder ein Seminar sein, das von mehreren Senior-Experten, Führungskräften und internen Ausbildern durchgeführt wird. Dieses Format vermittelt wichtige Informationen in einer 1:n-Umgebung, wodurch die Notwendigkeit von wiederholten 1:1-Unterbrechungen der Senior-Experten für Fragen von Anfängern im Tagesgeschäft reduziert wird.

Erfolgsfaktoren

- Machen Sie das Boot-Camp zu einem Erlebnis, indem Sie gemeinsam an bestimmten Aufgaben arbeiten. Dies hilft, erste Kontakte, Vertrauen und abteilungs-übergreifende Netzwerke aufzubauen.

Voraussetzungen

Keine.

Umsetzung

In der Regel arbeitet die Personalabteilung mit anderen Abteilungen zusammen, um einen Bootcamp-Einsteigerkurs zu erstellen. Dieser Kurs befasst sich mit den allgemeinen Kenntnissen, die jüngere Mitarbeiter benötigen, um schnell einsatzbereit zu sein, und verringert die Unterbrechungen für ältere Mitarbeiter.

Erwägen Sie, das **Junior System** in die Entwicklung des Bootcamp-Konzepts einzubeziehen. Diejenigen, die gerade in ihre Rolle hineinwachsen, haben oft wertvolle Erkenntnisse darüber, was am Anfang benötigt wird. Sie möchten vielleicht auch vermeiden, den Senior-Experten durch wiederholte Fragen auf die Nerven zu gehen.

Für erfahrene Experten ist die Teilnahme an einem Bootcamp von Vorteil, da sie dadurch Zeit sparen, die sie sonst für die individuelle Beantwortung von Fragen der Teilnehmer in Stoßzeiten aufwenden müssten. Es ist also gut investierte Zeit.

Für Führungskräfte bedeutet die Teilnahme an einem Bootcamp oder an einer Frage- und Antwortrunde **(AMA)**, dass sie von Anfang an Verbindungen herstellen und die gewünschte Teamkultur fördern.

Herausforderungen

Keine bekannten Herausforderungen.

Links/Literatur/Fälle

Mader, I. (2023) Wissensmanagement erfolgreich umsetzen: Praxisleitfaden mit Self-Check, Toolselektionshilfe und Toolbox. ISO 9001:2015 konform. Springer Gabler.

LEVEL	TIME	SCENARIO
★★☆ advanced	average	group(s)

Culture Hack

Business Talks

Zusammenfassung

Business Talks sind interne Zusammenkünfte, die eine kurze Präsentation, eine Fragerunde und ein anschließendes Networking umfassen. Diese Veranstaltungen fördern den Wissensaustausch, ehren und präsentieren Experten und bieten den Mitarbeitern die Möglichkeit zur Interaktion, wodurch Beziehungen und Vertrauen aufgebaut werden.

Zielsetzung

Networking-Möglichkeiten bieten, Vertrauen aufbauen, einen Kommunikationskanal für aktuelle Themen und Querschnittsthemen schaffen und Fachwissen präsentieren.

Begründung

Business Talks helfen, aktuelle und interessante Inhalte innerhalb des Unternehmens zu teilen, internationale Experten vorzustellen und durch Vernetzung Vertrauen und Teambildung zu stärken (Horta et al., 2018).

Beschreibung und Vorgehen

Business Talks sind interne Zusammenkünfte mit einer Präsentation, gefolgt von einer Fragerunde und einer kurzen Networking-Phase. Der Ablauf kann je nach Bedarf angepasst werden, ein typisches Schema umfasst jedoch eine 15- bis 25-minütige Präsentation, eine Fragerunde und eine halbe Stunde für Networking und Kaffee, insgesamt also etwa eine Stunde.

Erfolgsfaktoren

- Planen Sie im Voraus, aber lassen Sie Zeitfenster für Ad-hoc-Themen offen.
- Wählen Sie ein konsistentes und einprägsames Datum, z. B. den ersten Mittwochmorgen eines jeden Monats.
- Planen Sie das Format während der Arbeitszeit ein, denn es ist für die Arbeit und nicht für die Freizeit gedacht.

Voraussetzungen

Keine.

Das Format der Business Talks wurde etwa in der IT-Abteilung der Wiener Stadtverwaltung entwickelt. Es ist allerdings in Unternehmen unter verschiedenen Bezeichnungen weit verbreitet. Fireside Chats (Kamingespräche), eine bekannte Abendvariante, beziehen in der Regel externe Experten ein, während bei Business Talks eher interne Experten zu Wort kommen.

Umsetzung

Business Talks werden am besten mit einer einmaligen Veranstaltung eingeleitet und dann auf der Grundlage des Feedbacks angepasst. Einige Themen können kurzfristig auftauchen, während andere lange im Voraus geplant werden können. Idealerweise werden ein bestimmter Tag und eine bestimmte Uhrzeit gewählt, z. B. der erste Mittwochvormittag eines jeden Monats. Die Häufigkeit der Business Talks im Laufe des Jahres hängt von den Bedürfnissen des Teams oder des Unternehmens ab.

Das Format kann von großen Veranstaltungen mit über 100 Teilnehmern, die zweimal im Jahr stattfinden, bis hin zu kleineren Zusammenkünften mit bis zu 30 Mitarbeitern reichen, die häufiger stattfinden. Die Themen können wiederholt werden, wenn das Interesse größer ist als die verfügbaren Plätze. Die Begrenzung der Teilnehmerzahl pro Veranstaltung ermöglicht mehr Fragen und Diskussionen, da bei größeren Veranstaltungen in der Regel weniger Fragen gestellt werden und der Rahmen formeller ist.

Die Experten können intern oder extern sein, je nach den Bedürfnissen und Interessen Organisation.

Herausforderungen

Manchmal ist die Beteiligung anfangs nur gering, aber in der Regel wächst die Teilnahme mit der Zeit schnell.

Links/Literatur/Fälle

Horta, A., et al. (2018) Wien mags wissen: Wien will's wissen. Die Wissensmanagement-Strategie einer Stadt des Wissens": Vom Projektauftrag zur Umsetzung. Konferenzbeitrag. In: Remenyi, D. (Hrsg.) 4th Knowledge Management and Intellectual Capital Excellence Awards. An Anthology of Case Histories 2018. 55-72.

Mader, I. (2023) Wissensmanagement erfolgreich umsetzen. Praxisleitfaden mit Self-Check, Toolselektionshilfe und Toolbox. ISO 9001:2015 konform. Springer Gabler: Wiesbaden.

LEVEL	TIME	SCENARIO
★★☆ advanced	quick	team

Celebrate Mistakes

Zusammenfassung

Wir können Fehler feiern, wenn wir sie zur Verbesserung nutzen. In einer Kultur, die Fehler bestraft, werden sie versteckt, und Verbesserungen können nicht vorgenommen werden. Fehler und die daraus resultierenden Verbesserungen sind es, die Unternehmen besser machen. Lassen Sie uns Fehler feiern und daraus lernen!

Zielsetzung

Wir können uns nicht verbessern, wenn wir nicht wissen, was falsch gelaufen ist. Belohnen Sie diejenigen, die Fehler ansprechen und sich aktiv um die Verbesserung von Prozessen und Methoden bemühen.

Begründung

"Ich habe nicht versagt. Ich habe nur 10.000 Wege gefunden, die nicht funktionieren." - Thomas Edison

Wenn Fehler aus Angst vor Strafe versteckt werden, kann sich ein Unternehmen nicht verbessern, was schnell zu einem Nachteil auf dem Markt wird.

Patrick Dewez, mehrfacher Irak-Inspektor, Nuklearwissenschaftler und Abteilungsleiter für nukleare Vor-Ort-Inspektionen, sagte uns als seinem Team: "Wenn Sie aus dem Einsatz zurückkommen und ich höre nichts von Fehlern, dann ist das unglaubwürdig."

Erfolgsfaktoren

- **Niemals nach dem Schuldigen suchen, sondern immer nach der Verbesserung der Prozesse, damit Fehler nicht wiederholt werden!**
- **Es ist unwahrscheinlich, dass dieses Format in einem feindseligen Umfeld zu nützlichen Ergebnissen führt,** z.B. wenn Medien oder Gegner den kleinsten Fehler, der nach außen dringt, aufgreifen und kampagnisieren.

Voraussetzungen

Keine.

Beschreibung und Vorgehen

Mit einem "Just Made Us Better"-Preis/einer Auszeichnung werden die Teammitglieder ermutigt, Fehler oder Misserfolge zusammen mit Verbesserungsvorschlägen für Prozesse oder andere Bereiche zu melden, um solche Fehler in Zukunft zu vermeiden. Dieses Konzept zielt darauf ab, eine Kultur zu kultivieren, die sich auf kontinuierliche Verbesserung und hervorragende Leistungen konzentriert, anstatt Schuldzuweisungen vorzunehmen.

Umsetzung

Besprechen Sie mit Ihrem Team die vier Arten von Fehlern (Briceno, 2015):

1. **A-ha-Moment-Fehler:** Das Erkennen dieser Fehler führt zu substanziellen Verbesserungen, indem ein Prozess grundlegend verbessert wird. Gewinnen: Prozessverbesserungen.
2. **Stretch-Fehler:** Diese treten auf, wenn wir etwas Neues versuchen, das wir noch nicht beherrschen. Die Lösung besteht darin, aus der Erfahrung zu lernen (idealerweise bevor wir die Aufgabe das nächste Mal ausführen). Gewinnen: Lernen.
3. **Schlampige Fehler:** Diese passieren, wenn wir bei etwas, das wir gut kennen, die Konzentration verlieren. Abhilfe: Konzentrieren Sie sich und/oder fügen Sie einen Kontrollkreislauf hinzu (auch wenn dies mit Kosten verbunden ist). Möglicher Gewinn: Verbesserung.
4. **Fehler unter hohem Risiko:** Das Eingehen hoher Risiken in einem Umfeld, in dem viel auf dem Spiel steht, kann zu Fehlern führen. Abhilfe: Recherchieren und lernen Sie im Vorfeld so viel wie möglich. Gewinnen: Lernen Sie, beim nächsten Mal besser abzuschneiden.

Schaffen Sie einen "Just Made Us Better"-Preis/eine Auszeichnung (oder einen anderen Namen Ihrer Wahl).

Besprechen Sie mit Ihrem Team, dass immer dann, wenn jemand seinen eigenen Fehler oder sein eigenes Versagen meldet, der Schwerpunkt darauf liegen sollte, Wege zur Verbesserung des Prozesses zu finden, anstatt die Schuld zuzuweisen. Das Melden von Fehlern anderer ist heikel - versuchen Sie, dies zunächst bilateral zu klären. Andere zu beschuldigen, sollte in der Etikette über Fehler ausgeschlossen werden. Machen Sie dies zu einem regelmäßigen Bestandteil von Projekt- und Teambesprechungen. Halten Sie immer mehrere Auszeichnungen bereit. Machen Sie einen Wettbewerb daraus: Bestimmen Sie, wie viele Auszeichnungen nötig sind, um einen Status wie "Rising Improvement Star", "Improvement Hero" oder "Excellence Superstar" (oder andere Kategorien, die Sie mit Ihrem Team festlegen).

Gehen Sie mit gutem Beispiel voran! Die Kultur Ihres Teams wird das widerspiegeln, was Sie moderieren, tolerieren, gutheißen und belohnen. Hinweis: Die Führungskraft sollte keinen Anspruch auf eine Belohnung erheben.

Herausforderungen

Ziehen Sie dieses Format nicht in Betracht, wenn Sie als Führungskraft dazu neigen, Konflikte zu vermeiden. Wenn Sie diese Methode dennoch anwenden wollen, ernennen Sie jemanden, der die Diskussion konstruktiv leiten und das Team zu Verbesserungen führen kann.

Links/Literatur/Fälle

Briceño, E. (2015) Why Understanding These Four Types of Mistakes Can Help Us Learn. https://www.kqed.org/mindshift/42874/why-understanding-these-four-types-of-mistakes- can-help-us-learn

Ohio State University, Dennis Learning Center (2021) 4 Arten von Fehlern. https://dennislearningcenter.osu.edu/4-types-of-mistakes/

LEVEL	TIME	SCENARIO
★★☆ advanced	quick	team

Culture Hack

Chat Systeme

Zusammenfassung

Private Nachrichtensysteme wie Signal haben das Chatten für alle Altersgruppen zugänglich gemacht. Als einfach zu bedienendes Kommunikationsinstrument ohne den Aufwand von Formalitäten können diese Systeme die Produktivität und den Teamgeist fördern. Es gelten jedoch einige Regeln für die Etikette.

Zielsetzung

Informationen schnell und effektiv auszutauschen und Teammitglieder rascher zu erreichen, als das mit E-Mails möglich wäre. Für die Kommunikation in Gruppen siehe auch den Culture Hack **Messenger Gruppen**.

Begründung

Die Verteilung von gezielten und dringenden Informationen an die Belegschaft kann nicht mehr effektiv per E-Mail erfolgen. Chat-Systeme sind nützliche Werkzeuge für diese Aufgabe, da sie die Konzentration nicht unterbrechen (wenn sie richtig eingesetzt werden) und dennoch in der Regel innerhalb kurzer Zeit die erforderliche Aufmerksamkeit erhalten.

Beschreibung und Vorgehen

Chat-Systeme können als eigenständige Systeme oder als Teil Software-Suite verwendet werden. Die meisten Internet-Plattformen beinhalten ein Chat-System, aber je nach Verwendungszweck können auch separate Systeme in Betracht gezogen werden.

Erfolgsfaktoren

- Besprechen Sie in regelmäßigen Abständen, ob die gewählte Etikette und das Format nützlich ist, und passen Sie sie gegebenenfalls an.
- Einigen Sie sich auf eine Etikette, die Ihrer Arbeitsweise entspricht.
- Arbeiten Sie mit der IT-Abteilung Ihres Unternehmens zusammen, um ein Chat-System auszuwählen, das mit den IT-Sicherheitsanforderungen übereinstimmt.

Voraussetzungen

Keine.

Es können Texte, Links, Bilder, Videos, PDFs und Emoticons ausgetauscht werden. Siehe auch den Culture Hack **Messenger Groups.**

Der Einzelne kann seine Benachrichtigungseinstellungen an seine Bedürfnisse anpassen. In Intranet-Plattformen integrierte Chat-Systeme bieten in der Regel die Möglichkeit, Gruppen für verschiedene Themen und Interessengruppen einzurichten (z.B. Arbeitsrechtsgruppe, Gruppe für Schnittstellenentwicklung). Chat-Systeme können auch als Hintergrund-Tool auf dem Desktop eines jeden Mitarbeiters fungieren, so dass direkte persönliche Nachrichten verschickt werden können - es sei denn, der Empfänger hat sich aufgrund einer Besprechung oder einer anderen Verpflichtung abgemeldet. Die Kommunikation kann dabei an einzelne Personen oder an Gruppen geschickt werden.

Umsetzung

Besprechen Sie mit Ihrem Team, ob ein Chatsystem den Kommunikationsbedarf des decken könnte. Um jedoch sicherzustellen, dass es praktisch und nützlich für alle ist, müssen einige Regeln gelten. Idealerweise entwickeln Sie die Etikette gemeinsam mit dem Team, um Verständnis und Zustimmung zu wecken und um ein Regelwerk zu schaffen, das der Art der Arbeit entspricht. Die folgenden Überlegungen können helfen, das Gespräch zu beginnen:

In einem Unternehmen gibt es in der Regel eine Reihe von Experten, die als Berater oder Problemlöser gefragt sind. Diese Personen sind oft strukturell mit Aufgaben überlastet. Um die Produktivität unserer Mitarbeiter zu erhalten, müssen sie sich möglicherweise von einem ständigen Strom von Chat-Nachrichten und anderen Verpflichtungen befreien.

Jeder sollte durch einen internen Knigge darauf aufmerksam gemacht werden, wie ein Chat-System genutzt werden soll. Eine typische schlechte Praxis wäre es, die gefragtesten Expertinnen und Experten mit Unterbrechungen und Chat-Nachrichten zu überhäufen. Unterm Strich: Sie brauchen einen Knigge, und die Führungskräfte müssen ihn vorleben, denn ihr Beispiel wird die Kultur prägen.

Tipps:

- Benutzen und respektieren (!) Sie die Funktion "Bitte nicht stören".
- Erstellen Sie Regeln für inhaltliche und nicht-inhaltliche Nachrichten.
- Aktivieren Sie individuelle Benachrichtigungseinstellungen.
- Kontinuierliche Verbesserung der Regeln, wenn neue Bedürfnisse entstehen.

Herausforderungen

Spaß ist wichtig. Richten Sie eine separate Gruppe für Spaß und Geplauder ein, um die Moral hochzuhalten. Der Austausch von Cartoons und Witzen in einer reinen Betriebs-Chatgruppe ist jedoch nicht unbedingt ideal.

Links/Literatur/Fälle

Mader, I. (2023) Wissensmanagement erfolgreich umsetzen. Praxisleitfaden mit Self-Check, Toolselektionshilfe und Toolbox. ISO 9001:2015 konform. Springer Gabler: Wiesbaden.

LEVEL	TIME	SCENARIO
★★★ pro	average	individuals

Culture Hack

Coaching

Zusammenfassung

Coaching wird in der Regel bei Führungskräften oder Senior-Experten eingesetzt, wenn im Unternehmen oder Team keine entsprechende Erfahrung vorhanden ist. Interne oder externe Coaches arbeiten mit ihren Coachees an bestimmten Themen und erzielen durch gemeinsame Entwicklung bessere Ergebnisse.

Zielsetzung

Helfen Sie Top-Fachleuten und Führungskräften, Ziele zu erreichen, die für das Unternehmen oder für ihre persönliche Entwicklung wichtig sind.

Begründung

Bei manchen Themen braucht es mehr als zwei Augen und einen Verstand, um die beste Lösung zu finden. Coaches können uns dabei unterstützen, diese Lösungen zu finden. Manchmal müssen die Coaches ihr Fachwissen nicht teilen. Sie fungieren als Gesprächspartner für Fachexperten und helfen bei Reflexion und beim Finden der besten Lösungen, weil sie dafür ausgebildet sind, den Prozess zu leiten. In den meisten Fällen liegt ihr Beitrag nicht im Inhalt, sondern darin, den Fachleuten zu helfen, Einsichten in sich selbst zu entdecken, von denen sie nicht wussten, dass sie existieren.

Erfolgsfaktoren

- Bedenken Sie, dass Coaching in den USA in Spitzenpositionen als Belohnung angesehen wird, während es in Europa (meistens) als unangemessene Kritik an den Fähigkeiten eines Mitarbeiters betrachtet wird. Um die besten Ergebnisse und die beste Akzeptanz zu erreichen, müssen wir Erstens machen wir das Coaching zu einer wünschenswerten Option, indem wir es als etwas darstellen, das ausschließlich für Spitzenkräfte gedacht ist (statt als Hilfe für schwache Leistungen).

Voraussetzungen

Keine.

Beschreibung und Vorgehen

Coaching ist eine lösungsorientierte Beratung in einem professionellen Kontext. In Coaching-Sitzungen werden in der Regel aktuelle oder allgemeine Herausforderungen angesprochen, wobei die Coaches die Entwicklung von Lösungen anleiten. Coaching wird von geschulten Fachleuten durchgeführt und kann mit Einzelpersonen oder Teams durchgeführt werden.

Coaching lässt sich nicht "verordnen". Es funktioniert am besten, wenn sich die Coachees einen Coach mit methodischer Kompetenz und/oder einem Blick von außen suchen.

In den USA ist Coaching inzwischen eine etablierte Praxis, die denjenigen, die es in Anspruch nehmen, einen klaren Vorteil im Berufsalltag verschafft. In Europa hat Coaching diesen Bekanntheitsgrad noch nicht erreicht, wird aber von Unternehmen zunehmend als Wertschätzung für die anspruchsvollen Aufgaben von Führungskräften gewährt.

Umsetzung

Coaches werden in der Regel über die vermittelt. Coaches können auf einem internen Dienstplan geführt oder aus externen Dienstplänen ausgewählt werden, wie z. B. CoachDB https://www.coachdb.com/, wo die Coachees aus einer Liste verfügbarer Coaches auswählen können. Die besten Ergebnisse werden erzielt, wenn es ein konkretes Problem gibt, an dem gearbeitet werden soll. Viele professionelle Coaches bieten eine kostenlose Erstberatung an, die oft von den erfahrensten Coaches durchgeführt wird.

Herausforderungen

Coaching ist für gesunde, leistungsstarke Menschen geeignet. Wer kurz vor einem Burnout steht oder unter Depressionen leidet, ist für ein Coaching nicht geeignet und benötigt eine Behandlung oder Beratung durch einen kompetenten Arzt. Ein Employee Assistance Program (EAP) kann in Erwägung gezogen werden, da es eine anonyme Beratung oder Therapie anbietet und dem Unternehmen ohne eine Namensnennung die Kosten in Rechnung stellt.

Links/Literatur/Fälle

Mader, I. (2023) Wissensmanagement erfolgreich umsetzen. Praxisleitfaden mit Self-Check, Toolselektionshilfe und Toolbox. ISO 9001:2015 konform. Springer Gabler: Wiesbaden.

Ein Gespräch aus einem realen Fall:

Während einer Mediation zwischen zwei Teamleitern hatten beide die Möglichkeit, sich mit dem Mediator zusammenzusetzen, um ihre persönlichen Wünsche, Perspektiven und Bedenken zu besprechen und eine individuelle Strategie zu entwickeln, um das zu erreichen, was ihnen wichtig war.

Einer der Leiter brachte seine Frustration zum Ausdruck: "Ich verstehe nicht, warum ich nicht befördert wurde, um meinen Bereich auf nationaler Ebene zu leiten. Sie wissen, dass ich das kann, und ich mache das schon seit Jahren informell. Das ist wirklich unfair."

Während die Mediatorin dem Kunden Kaffee machte, hielt sie einige Sekunden inne, bevor sie antwortete: "Ich kenne Ihren nationalen CEO nicht und kann natürlich nicht für ihn sprechen. Aber wenn ich an seiner Stelle wäre, würde ich Sie nicht befördern, um ehrlich zu sein".

"Wie bitte?"

"Sie wissen eigentlich, weshalb ich das nicht tun würde, nicht wahr?"

[Pause] "Stimmt. Ich bin sehr emotional und werde schnell ärgerlich."

"Richtig. Wenn ich Ihr CEO wäre und Sie befördern würde, hätte ich jeden Tag mit Problemen und Konflikten zu tun, die ich dann lösen müsste. Das käme für mich nicht in Frage. In einer Führungsfunktion erwarte ich von Ihnen, dass Sie Ihre Emotionen im Griff haben und ein strukturiertes, ruhiges und stabiles Auftreten an den Tag legen."

"Hm. Stimmt, das habe ich nicht. Lassen Sie mich an dem arbeiten."

Dieses Gespräch fand vor mehreren Jahren statt. Ohne weitere Gespräche ist es seitdem zu keiner Eskalation mehr gekommen. Der Abteilungsleiter wurde ein Jahr später befördert und berichtet seitdem, dass er sehr glücklich ist, seine Ruhe gefunden hat und seine neue Aufgabe liebt, Kollegen im ganzen Land zu unterstützen und mit ihnen gemeinsam an Verbesserungen zu arbeiten.

LEVEL	TIME	SCENARIO
★★☆ advanced	long-term	group(s)

Culture Hack

Community of Practice (CoP)

Zusammenfassung

Communities of Practice (CoPs) sind Wissensaustauschgemeinschaften von Fachleuten in einem bestimmten Bereich. In der Regel gehören die Mitglieder nicht zum selben Team, sondern sind über verschiedene Abteilungen verstreut. Beispiele sind eine CoP aller Qualitätsmanager aus allen Tochtergesellschaften.

Zielsetzung

Durch die Förderung des abteilungsübergreifenden Austauschs und der Zusammenarbeit treiben die CoPs spezielle Bereiche voran, in denen Fachleute normalerweise isoliert arbeiten, wie z. B. ein Qualitätsmanager pro Tochterunternehmen.

Begründung

Die CoP-Sitzungen dienen dazu, Fachthemen zu diskutieren und weiterzuentwickeln, sich unter Experten zu vernetzen, Empfehlungen zu erarbeiten und vieles mehr.

Beschreibung und Vorgehen

Communities of Practice (CoPs) sind Gemeinschaften zum Austausch von Wissen, in denen sich Fachleute aus einem bestimmten Bereich regelmäßig treffen, um Erfahrungen und Wissen auszutauschen und Verbesserungen in ihrem Bereich voranzutreiben.

Erfolgsfaktoren

- Alle Gemeinschaften müssen eine Frage beantworten: Was ist unser Ziel? Die Gemeinschaft um der Gemeinschaft willen wird scheitern.
- Gemeinschaften befassen sich nur mit echten Problemen. Vergewissern Sie sich, dass es einen echten Bedarf für einen Austausch oder einen echten Nutzen für die Mitglieder gibt.

Voraussetzungen

CoPs sind ein langfristiges Engagement.

Fachwissen. In der Regel gehören sie nicht demselben Team an, sondern kommen aus verschiedenen Abteilungen, Niederlassungen usw. Typische CoPs werden um Managementsysteme herum gebildet, z. B. alle Qualitätsmanager, Risikomanager, Wissensmanager oder Personalfachleute aus allen Niederlassungen.

Die Mitglieder einer CoP tauschen in der Regel Erfahrungen aus, teilen ihr Wissen und treiben die Lösungsfindung oder die Verbesserung von Methoden voran.

Umsetzung

Idealerweise sollte sich ein Kernteam oder ein Mitglied der CoP um Einladungen und die Reservierung von Sitzungsräumen kümmern. Die Termine und Themen sollten von den Mitgliedern gemeinsam festgelegt werden. In einigen Gemeinschaften rotiert diese Aufgabe, während in anderen ein Kernteam die Verantwortung übernimmt.

CoPs arbeiten zusammen, um Inhalte, Prozesse oder Disziplinen voranzutreiben, Wissen und Erfahrungen auszutauschen, zu lernen und sich zu vernetzen. Gegenseitige Anerkennung, Wertschätzung und Beiträge schaffen einen Zusammenhalt, der es den Gemeinschaften ermöglicht, zu gedeihen und wertvolle Erkenntnisse für ihre Mitglieder zu liefern.

Die Häufigkeit der Treffen wird weitgehend durch den Bedarf und die verfügbare Zeit bestimmt. Fachleute, die über verschiedene Länder verstreut sind, könnten sich eher per Videokonferenz als persönlich treffen, obwohl persönliche Treffen für die Zwecke einer CoP besonders nützlich sind.

Manchmal werden CoPs auch über Unternehmensgrenzen hinweg gebildet, so dass Fachleute einer Disziplin ihre Kollegen in anderen Unternehmen treffen können.

Erwägen Sie die Bereitstellung eines virtuellen Raums, z. B. auf einer internen Kollaborationsplattform, in dem CoP-Mitglieder Informationen austauschen oder ein Expertenforum aufbauen können.

Fallstudie:

Das Forum SAP SDN wurde von einer Handvoll SAP-Schnittstellenprogrammierer als "SAP Developer Network" gegründet, um sich mit Kollegen aus aller Welt Wissen über knifflige Lösungen bei der Schnittstellenprogrammierung auszutauschen. Das Forum wuchs schnell auf Millionen von Nutzern an und verzeichnete eine durchschnittliche Antwortzeit von 18 Minuten auf eine weltweit gestellte Frage. Schließlich entschied sich SAP, diese Community auf ihrer Website zu hosten und großzügig zu unterstützen. Die Mitarbeiter der technischen Hotline von SAP waren bereits Mitglieder in diesem Forum und nutzten es zum Austausch von Lösungen.

2024 hatte die SAP-Community jeden Monat über 2 Millionen aktive Nutzer. Neben dem Forum bietet sie einen Blog, Community-Events, Tutorials und vieles mehr. https://community.sap.com/

Herausforderungen

Eine Community ist eine dauerhafte, langfristige Verpflichtung. Wir können nicht eine Gemeinschaft aufbauen und dann für sechs Monate verschwinden. Schon zwei Treffen pro Jahr können ausreichen, aber die Verpflichtung bleibt bestehen, denn die **Diskussionen laufen dauerhaft**.

Links/Literatur/Fälle

Mader, I. (2023) Wissensmanagement erfolgreich umsetzen. Praxisleitfaden mit Self-Check, Toolselektionshilfe und Toolbox. ISO 9001:2015 konform. Springer Gabler: Wiesbaden.

LEVEL	TIME	SCENARIO
★☆☆ easy	quick	team

Culture Hack

The Customer´s Chair

Zusammenfassung

Bei Amazon wird bei jedem Meeting ein Platz für den Kunden reserviert. Jeff Bezos wird mit den Worten zitiert: **"Die Besessenheit vom Kundenerlebnis ist der einzige langfristig zu verteidigende Wettbewerbsvorteil."** *Die Einbeziehung eines Customer Chair in jede Besprechung verändert die Ergebnisse.*

Zielsetzung

Lenken Sie den Fokus aller Beteiligten auf die Kernaspekte des Geschäfts: die Gewinnung und Pflege von Kunden.

Begründung

Verlagerung des Blickwinkels auf die Bedürfnisse der Kunden und Wechsel von einer nach innen gerichteten zu einer stärker nach außen gerichteten Betrachtung.

Beschreibung und Vorgehen

Der Kundenstuhl ist eine Methode, die jedem hilft, seine Arbeit und die Angebote des Unternehmens aus der Perspektive des Kunden zu betrachten.

Umsetzung

Berücksichtigen Sie bei jeder Besprechung die Perspektive des Kunden bei jedem Thema, das besprochen wird.

Erfolgsfaktoren

- Pinnwände oder Whiteboards können sich als nützlich erweisen, um den Input zu strukturieren.

Voraussetzungen

Keine.

Einige Teams stellen bei jeder Sitzung einen speziell entworfenen leeren Stuhl zur Verfügung. Dieser Stuhl kann mit einem Schild mit der Aufschrift "Kunde" gekennzeichnet sein oder in einem besonders extravaganten Design gestaltet werden, um den Kunden zu repräsentieren und sicherzustellen, dass die Kundenperspektive nie übersehen wird.

Eine weitere Möglichkeit, den Kundenfokus zu stärken, besteht darin, eine Glocke anzubieten, die jeder Teilnehmer jederzeit läuten kann, um die Aufmerksamkeit auf die Kundenperspektive zu lenken. Wenn niemand die Glocke während der Besprechung läutet, kann sie am Ende geläutet werden, um darüber nachzudenken, ob die getroffenen Entscheidungen mit der des Kunden übereinstimmen.

Herausforderungen

Denken Sie an die Erkenntnisse von Philip Kotler: Die Kundenperspektive war zwischen 1970 und 1990 von großer Bedeutung. Sie ist zwar auch heute noch von entscheidender Bedeutung, doch haben sich andere wichtige und verfeinerte Überlegungen zur Kundenorientierung entwickelt:

- **Branding-Orientierung (1990 bis etwa 2010):** Betonung von Markenidentität und Differenzierung.
- **Digitale Ausrichtung (2010 bis 2015):** Der Schwerpunkt lag auf der Integration von Mobiltelefonen und dem Internet.
- **Gesellschaftliche Werte und Gemeinwohlorientierung (2015 bis 2020):** Hervorhebung der Bedeutung des Beitrags zu gesellschaftlichen Werten und zum Gemeinwohl.
- **Aktuelles Paradigma (seit 2021):** Der Schwerpunkt liegt auf einem "nahtlosen und reibungslosen" Erlebnis, das die fragmentierte und polarisierte soziale Kluft überwindet. Die Unternehmen müssen Partei ergreifen und sich deklarieren, weil auch die Kunden dies getan haben. Fazit: Sie können nicht für und gegen Kinderarbeit sein, man muss sich für eine Seite entscheiden und dies durchhalten.

Diese Perspektiven bauen aufeinander auf und sind insgesamt zu berücksichtigen.

Links/Literatur/Fälle

Koetsier, J. (2018) Warum jedes Amazon-Meeting mindestens einen leeren Stuhl hat. Apr 5, 2018. Inc.com. https://www.inc.com/john-koetsier/why-every-amazon-meeting-has-at-least-one- empty-chair.html

Kotler, P., et al. (2021) Marketing 5.0: Technologie für die Menschlichkeit. Wiley: Hoboken, NJ/USA.

LEVEL	TIME	SCENARIO
★☆☆ easy	quick	team

Culture Hack

Daily

Zusammenfassung

Ein Daily ist eine sehr kurze Sitzung, die jeden Morgen stattfindet, um (Zwischen-)Ergebnisse, nächste Schritte und Probleme, die die Arbeit erschweren oder verlangsamten, vorzustellen.

Zielsetzung

Erhöhen Sie die Transparenz und halten Sie alle Beteiligten auf dem Laufenden. Tragen Sie mit geringem Zeitaufwand zu besseren Ergebnissen bei.

Begründung

Wissensarbeit führt in der Regel zu besseren Ergebnissen, wenn die Mitarbeiter gut informiert, auf dem neuesten Stand und auf dem Laufenden sind. Ziel ist es daher, alle Beteiligten auf den gleichen Stand zu bringen und Schwierigkeiten oder Probleme frühzeitig zu erkennen und zu beheben.

Beschreibung und Vorgehen

Jeden Morgen trifft sich das Team für 15 Minuten, um alle über den aktuellen Stand Arbeit zu informieren, die nächsten Schritte zu skizzieren und etwaige Probleme zu besprechen.

Ein ähnlicher Hack ist der **Stand-Up.**

Erfolgsfaktoren

- Erwägen Sie, andere Sitzungen zu verkürzen oder abzusagen.
- Verstehen Sie den Bedarf an schnellen Informationen und tiefgehenden Gesprächen. Nehmen Sie sich Zeit für beides und kennen den Unterschied, um herauszufinden, welche Themen welche Art von Diskussion erfordern.

Voraussetzungen

Keine.

Umsetzung

Die Teammitglieder kommen zusammen, um sich über Fortschritte, Aktivitäten und Probleme auszutauschen:

1. Was habe ich seit unserem letzten Daily getan? (*Fortschritt*)

2. Was sind meine nächsten Schritte oder was werde ich bis zum nächsten Daily tun (*Aktivitäten*)?

3. Welche Probleme haben mich gebremst oder waren dem Fortschritt oder der Qualität abträglich? *(Probleme*)

Diese Methode wird im Rahmen von SCRUM eingesetzt, wobei der Teamleiter bei der Lösung von Problemen hilft, die unter Punkt gemeldet werden. Manchmal kann dies auch bedeuten, dass eine "Unterbrechungsfrei"-Kultur eingeführt wird. In Entwicklungsteams ist oft eine Person für die Bearbeitung von Unterbrechungen und Anfragen zuständig, damit sich die anderen auf ihre Arbeit konzentrieren können.

Hinweis: Bis zu 40 % (oder mehr als 3 Stunden) eines jeden Arbeitstages werden damit verbracht, sich nach Unterbrechungen neu zu konzentrieren. Die Reduktion von Unterbrechungen kann die Produktivität erheblich steigern. Weitere Informationen finden Sie im Culture Hack **Quiet Time.** Um regelmäßige Meetings produktiver zu gestalten, lesen Sie den Culture Hack **Produktive Meetings.**

Herausforderungen

Differenzieren Sie die Themen: Schnelle Aktualisierungen und Themen, die tiefgehende Gespräche erfordern, müssen unterschieden werden. Planen Sie für jedes Thema einen angemessenen Zeitraum und Rahmen ein. Relevanz vor Kürze: Achten Sie darauf, dass die Kürze nicht auf Kosten der Auslassung relevanter Informationen geht. Die Teams sollten sich gegenseitig darüber verständigen, was wichtig ist, das andere rechtzeitig erfahren sollten.

Links/Literatur/Fälle

Imai, M. (1986) Kaizen: The Key to Japan's Competitive Success.

McGraw Hill Education. New York.

Meyers, M. et al. (2021) Lean Leadership BASICS: Wie man Führungskräfte entwickelt und befähigt, kontinuierliche Verbesserungen zu erzielen. Routledge. New York.

Mader, I. (2023) Wissensmanagement erfolgreich umsetzen. Praxisleitfaden mit Self-Check, Toolselektionshilfe und Toolbox. ISO 9001:2015 konform. Springer Gabler: Wiesbaden

LEVEL	TIME	SCENARIO
★☆☆ easy	quick	team

Culture Hack

Decision Hack

Zusammenfassung

Howard Sublett fasste die Gründe für den Decision Hack folgendermaßen zusammen: **"Wenn Führungskräfte mit allen Lösungen aufwarten müssen, werden wir scheitern."** *Führungskräfte wissen nicht in allen Fällen am besten, was zu tun ist, und das müssen sie auch nicht. Der Decision Hack hilft, gute Entscheidungen zu finden, ohne in Diskussionstrance zu verfallen.*

Zielsetzung

Finden Sie Lösungen, wenn die normale Entscheidungsfindung ins Stocken gerät und sich Frustration aufbaut.

Begründung

Das Erzielen solider Entscheidungen innerhalb eines Teams ist von entscheidender Bedeutung und erfordert die Zusammenarbeit zwischen Führungskräften und Teammitgliedern, wenn Entscheidungen die Fähigkeiten und das Urteilsvermögen des Einzelnen übersteigen.

In der heutigen verzweigten Unternehmenslandschaft ist dieses Szenario eher Regel als die Ausnahme.

Beschreibung und Vorgehen

Der Decision Hack befähigt Führungskräfte und ihre Teams, inmitten von Herausforderungen effektiv Entscheidungen zu treffen und dabei die Fallstricke der Abstimmung zu umgehen - in der sich fast die Hälfte der Wählerinnen und Wähler unzufrieden und abgehängt fühlt. Stattdessen fördert sie zügige, intelligente

Erfolgsfaktoren

- Pinnwände oder Whiteboards können sich als nützlich erweisen, um den Input zu strukturieren.

Voraussetzungen

Keine.

Diskussionen und Feedback-Schleifen, wodurch langwierige Debatten vermieden werden können.

Umsetzung

Wenden Sie in Situationen, die eine schwierige Entscheidungsfindung erfordern, die Decision Hack-Methode mit Ihrem Team an:

1. Definieren Sie klar die Notwendigkeit einer Entscheidung, das zugrunde liegende Problem und die Gründe dafür. Geben Sie die Art der erforderlichen Entscheidung und ihre Bedeutung an. Erforderlichenfalls können zusätzliche Bedingungen gestellt werden.
2. Legen Sie eine maximale Redezeit pro Person fest. Die Teilnehmer sind zwar nicht verpflichtet, die ihnen zugeteilte Zeit voll auszuschöpfen, haben aber die Möglichkeit, dies zu tun. Bei sehr umstrittenen Themen sollten Sie zwei oder drei Argumentationsrunden in Erwägung ziehen, um sicherzustellen, dass die Ansichten aller Teilnehmer gehört und beantwortet werden.
3. Um die Reaktionen während jeder Argumentationsrunde abzuschätzen, sollten Sie ein visuelles Hilfsmittel wie z. B. ein Handzeichen verwenden:

   - 5 Finger: Vereinbarung
   - 4 Finger: Ich habe genug gehört und bin zufrieden
   - 3 Finger: Ich schließe mich der Mehrheit an
   - 2 Finger: Ich habe noch offene Fragen und benötige weitere Informationen.
   - 1 Finger: Veto - Ich habe einen ernsthaften Einwand aufgrund eines kritischen Problems, das eine existenzielle Bedrohung für die Organisation darstellt.

4. Jeder muss zur Lösungsfindung beitragen, indem er sich mit seinen eigenen Anliegen und Interventionen auseinandersetzt.

Herausforderungen

Trotz des unter "Umsetzung" beschriebenen strukturierten Prozesses kann es vorkommen, dass die Diskussion auf Hindernisse stößt oder unklar ist. Führen Sie in solchen Fällen ein "Time-out"-Signal ein, mit dem jeder Teilnehmer die Diskussion unterbrechen kann, um zu reflektieren und die Beiträge besser zu strukturieren.

Der Decision Hack ist am effektivsten bei komplexen Problemen, die eine Entscheidungsfindung auf Teamebene erfordern und für die noch keine zufriedenstellende Lösung gefunden wurde. Er ist jedoch nicht dazu gedacht, Entscheidungen auf Geschäftsführungs- oder Vorstandsebene anzufechten, wie z. B. solche, die sich auf die Geschäftsstrategie oder das Personalmanagement auswirken. Solche Angelegenheiten fallen in den Zuständigkeitsbereich von Entscheidungen der Geschäftsleitung und sollten über geeignete Kanäle wie Arbeitnehmervertretungen oder Gewerkschaften angesprochen werden. Decision Hacks sollen den Konsens zwischen Teams und ihren Führungskräften im Rahmen Arbeit und Zuständigkeiten und nicht außerhalb erleichtern.

LEVEL ★☆☆ easy | TIME quick | SCENARIO team

Culture Hack

Did You Know ...?

Zusammenfassung

Zu Beginn eines Workshops oder einer erweiterten Sitzung wird jeder Teilnehmer aufgefordert, etwas über sich selbst zu erzählen, was die anderen vielleicht noch nicht wussten. Diese einfache Übung kann das Vertrauen und die Kameradschaft fördern, selbst bei Teams, die schon lange zusammenarbeiten.

Zielsetzung

Gewinnen Sie tiefere Einblicke in Ihre Kollegen und fördern Sie Vertrauen und Zusammenhalt im Team.

Begründung

Es ist ein psychologisches Phänomen, dass das Teilen von etwas Persönlichem das Vertrauen stärkt. Das kurze Format "Wussten Sie schon...?" nutzt dieses Konzept, um den Zusammenhalt und das Vertrauen im Team zu stärken.

Beschreibung und Vorgehen

Zu Beginn einer längeren Sitzung oder eines Workshops wird jeder Teilnehmer aufgefordert, etwas über sich selbst zu erzählen, was die anderen vielleicht nicht wissen. Dieses Format dient als effektiver Eisbrecher für Workshops oder als Auftakt für Teamsitzungen.

Erfolgsfaktoren

- Bitten Sie jeden, die unbekannte Tatsache in ein oder zwei Sätzen zu nennen. "Ich wurde in Neu-Delhi geboren." (Besonders interessant, wenn der Kollege z.B. aus Mexiko ist).

Voraussetzungen

Keine.

Umsetzung

"Wie war das Kick-off-Meeting?"

"Gut." (Variante A)

"Gut, aber nichts besonders Bemerkenswertes. Das Projekt wird gut laufen." (Variante B)

Variante B ist wahrscheinlich vertrauenserweckender und wird besser angenommen, während Variante A Verdacht erregen könnte, obwohl sie im Wesentlichen die gleichen Informationen vermittelt. Seltsam, nicht wahr?

Ermutigen Sie zu Beginn eines Workshops oder einer Sitzung jeden, ein persönliches Detail zu erzählen. Lassen Sie einige informelle Gespräche zu, bevor Sie zur Tagesordnung übergehen.

Das ist es im Wesentlichen: eine kleine Intervention, die mit der Zeit Vertrauen aufbaut, insbesondere wenn sie regelmäßig durchgeführt wird.

Herausforderungen

Bei einem externen Projekt sagte einer der Kollegen bei der Did You Know-Session: *"Ich bin der Ur-Ur-Enkel von Al Capone"*.

Bis heute wissen wir nicht, ob das ein Scherz war oder tatsächlich wahr ist.

Al Capone (Public Domain).
Quelle: FBI

Links/Literatur/Fälle

Mader, I. (2019) Der Werkzeugkasten des Informations- und Wissensmanagements. Excellence Edition No. 10, 2022. Excellence Research, Wien.

LEVEL	TIME	SCENARIO
★☆☆ easy	quick	team

Culture Hack

Disney Methode

Zusammenfassung

Der Beitrag kritischer Köpfe sollte produktiv genutzt werden, um die Qualität, die Konsistenz, die Vollständigkeit oder jedes andere gewünschte Ergebnis zu verbessern. Anstatt kritische Denker zu frustrieren, indem wir ihren Beitrag unter den Tisch kehren, können wir ihn stattdessen zum Nutzen aller einsetzen.

Zielsetzung

Das Talent der kritischen Denker konstruktiv nutzen, indem man sie bittet, das zu tun, was sie am besten können: kritisieren! Das ist ein Talent, das wir praktisch nutzen wollen.

Begründung

Kritische Köpfe spielen in Organisationen eine wichtige Rolle, die produktiv genutzt werden sollte.

Beschreibung und Vorgehen

Die sogenannte Disney-Methode folgt der Idee von drei imaginären Geschwistern. Der Erfinder der Methode, Robert Dilts (2017), nutzte Walt Disney zur Veranschaulichung und ging davon aus, dass es drei Geschwister gibt: Die erste Schwester oder der erste Bruder wäre der kreative Kopf mit vielen Ideen. Die zweite ist ein Realist, der fragt, ob wir uns das alles leisten können und wer es umsetzen wird. Die dritte

Erfolgsfaktoren

- Legen Sie zu Beginn eine Etikette fest.
- Seien Sie transparent, was das Format angeht. Wenn die Teammitglieder erwarten, dass sie kritisiert werden, können sie es als Herausforderung sehen.

Voraussetzungen

Vergewissern Sie sich, dass das gemeinsame Verständnis in der Gruppe eine respektvolle Kommunikation ist.

gibt den Kritiker, der alles in Frage stellt, hinterfragt und gegebenenfalls auch polemisiert: *"Mit so etwas beschäftigt Ihr Euch während der Arbeitszeit?"*

Umsetzung

Laden Sie die kritischsten Persönlichkeiten in die Gruppe der Kritiker ein. Die anderen Gruppen sind die Kreativen und die erfahrenen Umsetzer spielen am besten die Rolle der Realisten und fragen nach der Amortisation des Projekts, nach dem Budget, dem Zeitbedarf, den Kundenbedürfnissen, der Personalausstattung usw. Die Kreativen werden dann ihre Ideen und Projekte vorstellen. Die Realisten fragen nach Budgetrestriktionen, administrativen Details und praktischen Umsetzungsfragen.

Die Rolle Kritiker besteht dann darin, das zu kritisieren, was ihrer Meinung nach in Frage gestellt werden könnte, wenn das Projekt, die Idee oder die Erfindung auf den Markt kommt oder in der Vorstandssitzung präsentiert wird.

Die Kreativen werden dann ihre Präsentation verbessern und die Rückmeldungen einbeziehen. Ihre zweite Präsentation wird viel besser sein!

Auf diese Weise können kritische Geister einen fruchtbaren Beitrag zum Nutzen des Ganzen leisten. Sie haben das Projekt besser gemacht und das getan, was sie am besten können: Kritik üben!

Wenn genügend Zeit zur Verfügung steht, kann dieser Prozess mehrmals wiederholt werden – oder jede Woche, bis das Produkt oder Projekt präsentationsreif ist. Mit mehreren Wiederholungen wird es sich erheblich verbessern (Carlson, 2020).

Herausforderungen

Es gibt einen Unterschied zwischen Menschen mit einer giftigen Einstellung und einem kritischen Geist. Wählen Sie mit Bedacht aus, welche Personen für ein Team oder einen Arbeitsplatz geeignet sind. Schließlich muss ein konstruktives und respektvol Arbeitsumfeld geschaffen werden.

Links/Literatur/Fälle

Dilts, R. B. (2017) Strategies of Genius. Volume I: Aristoteles, Sherlock Holmes, Walt Disney, Wolfgang Amadeus Mozart. Dilts Strategy Group. Scotts Valley, USA/CA.

Carlson, C. (2020) Innovation for Impact Wertschöpfung als aktiver Lernprozess. Harvard Business Review, 11- 12/2020. https://hbr.org/2020/11/innovation-for-impact

Carlson, C. (2020) Innovation for Impact (i4i) Die Carlson-Polizzotto-Methode der Wertschöpfung. Kostenloser Online-Kurs. Coursera: https://www.coursera.org/learn/valuecreation

LEVEL	TIME	SCENARIO
★☆☆ easy	quick	team

Culture Hack

End of Project Award

Zusammenfassung

Nur selten nehmen wir uns die Zeit, ein abgeschlossenes Projekt zu feiern. Jeder eilt zu seiner anderen Arbeit. Der End of Project Award ist eine Möglichkeit, die Zusammenarbeit und die Ergebnisse sowie die individuellen Beiträge zu würdigen. Ziel ist es, eine Kultur der Zusammenarbeit, des Spaßes und des Respekts zu fördern.

Zielsetzung

Verbessern Sie die Zusammenarbeit, das Engagement und die Freude an der gemeinsamen Arbeit. Der End of Project Award wird in Unternehmen wie DreamWorks, IDEO, Facebook usw. praktiziert.

Begründung

Wenn die Arbeit immer hektischer wird und eher als Last denn als Vergnügen empfunden wird, dann leidet die Leistung, und die Kunden werden dies ebenfalls zu spüren bekommen. Aktive Wertschätzung und die Würdigung guter Zusammenarbeit helfen, die Arbeitsmoral zu verbessern und tragen zu besseren Ergebnissen bei.

Beschreibung und Vorgehen

Der End of Project Award ist eine Teamveranstaltung, die am Ende eines Projekts stattfindet, um die gute Zusammenarbeit zu feiern. Jeder bekommt eine besondere Belohnung, wie eine Medaille an einem Band, die an

Erfolgsfaktoren

- Bitten Sie alle, sich zu überlegen, was ein Kollege zu schätzen wüsste, und nicht, was alle anderen lustig oder nett finden.

Voraussetzungen

Keine.

einen bestimmten Moment im Projekt erinnert, zu dem diese Person in herausragender beigetragen hat. Ein weiteres Geschenk kann ein kleines Video oder Meme für die lustigsten Momente oder den "besten Fehler" sein. Stellen Sie sicher, dass Teilnehmer nicht beleidigt sind, wenn man sie auf den Arm nimmt.

Umsetzung

Berufen Sie am Ende eines Projekts eine Sitzung ein und bitten Sie die Teammitglieder, sich Auszeichnungen für alle auszudenken. Verschiedene Kombinationen von Teammitgliedern können ein Brainstorming darüber machen, welche Auszeichnung jede bestimmte Person erhalten soll.

Dabei kann es sich um sehr kreative Auszeichnungen handeln, nichts, was gekauft oder teuer sein muss, sondern eher etwas Kleines und/oder vom Team Selbstgemachtes. Auszeichnungen können alles sein, von zwei Tassen Kaffee für häufige Überstunden, um sicherzustellen, dass alles pünktlich fertig wird. Einige kreative Beispiele finden Sie im Artikel von Connor Garret unten (siehe Literaturkasten).

Herausforderungen

Berücksichtigen Sie Empfindlichkeiten und unterschiedliche Herangehensweisen an die Sichtbarkeit oder das Scherzen. Nicht jeder mag sich dabei wohlfühlen. Berücksichtigen Sie, was jedes Teammitglied schätzen und lustig oder nett finden würde. Bitten Sie alle Teammitglieder, dasselbe zu tun, wenn sie über eine Belohnung für **andere** nachdenken.

Links/Literatur/Fälle

Garrett, C. (2022) 16 erstaunliche Ideen für Mitarbeiterauszeichnungen zur Wertschätzung Ihrer Mitarbeiter im Jahr 2023. https://snacknation.com/blog/employee-awards/

LEVEL	TIME	SCENARIO
★☆☆ easy	quick	team

Culture Hack

Future Conference

Zusammenfassung

Eine Future Conference ist ein Format, das eine große Gruppe von Mitarbeitern und Führungskräften einbezieht, um gemeinsam neue Projekte und Umsetzungswege sowie innovative Ideen zu entwickeln und Teambildung und Zusammenhalt zu fördern.

Zielsetzung

Innovation und Teambildung in einem.

Begründung

Einladung an viele (oder alle) Mitarbeiter (auch einige Tausend), die Zukunft mitzugestalten, um Zustimmung, Verständnis und Teambildung zu erreichen.

Beschreibung und Vorgehen

In einem ein- bis zweitägigen Konferenzformat wie bei einer Klausur erarbeiten Mitarbeiter und Management gemeinsam Impulse, Projekte, Ideen und Umsetzungspläne für die Zukunft des Unternehmens.

Umsetzung

Planen Sie idealerweise zwei Tage für die Zukunftskonferenz ein und stellen Sie ausreichend Platz in Form von Räumen und Hallen zur Verfügung.

Erfolgsfaktoren

- Überlegen Sie sich ein geeignetes Verfahren für die Zusammensetzung der Teams: freie Wahl oder zufällige Farbcodes beim Check-in?
- Vermeiden Sie es, Namen für die Teams zu wählen - sie neigen dazu, hängen zu bleiben und den Wettbewerb am Arbeitsplatz in der Folge zu verzerren.

Voraussetzungen

Keine.

Mögliche Vorlage für die Tagesordnung:

1. **Kick-off** zur Erläuterung des Formats und der Tagesordnung. Wählen Sie einen engagierten Moderator als Gastgeber der Konferenz!

2. Halten Sie eine kurze **Grundsatzrede** (max. 20 Minuten) über Innovation oder Technologie oder was auch immer zu der Vision passt, die Sie fördern möchten.

3. **MAKING THE FUTURE**: Führen Sie dann in mehreren Räumen diese (oder ähnliche) Formate parallel durch (d.h. alle Workshopräume machen die Sessions parallel):

   3.1. **INVENT: Design Thinking** Sitzung (~1 bis max. 2 Stunden)
   Pause

   3.2. **RAHMEN:** Die Gruppen, die während des Design Thinkings zusammengearbeitet haben, erarbeiten eine Präsentation (machen Sie Zeitvorgaben!).
   Pause

   3.3. **FEEDBACK:** Sitzung nach **der Disney-Methode** (15 bis 20 Minuten, siehe den Culture Hack Disney Methode): Bitten Sie eine Gruppe von talentierten Kritikern, ein Feedback zu den Pitches Gruppen zu geben. Die präsentierenden Gruppenmitglieder sollten nicht antworten (!). Auf diese Weise können wir sicherstellen, dass sie zuhören. **Wie wählt man die Kritiker aus?** *Es sollten Personen sein, die nicht an den Workshops teilgenommen haben (vielleicht eine Gruppe, die nur für diese Sitzung oder Führungskräfte/externe Coaches usw. - nicht von anderen Gruppen!)*

   3.4. **IMPROVE:** Improvement Session: Einarbeiten des Feedbacks und Verbesserung der Präsentation. Nun sind die Gruppen bereit, ihre Endergebnisse zu präsentieren.

4. **Die große** Enthüllung**:** Eine Plenarsitzung, in der alle die Ergebnisse der Gruppen hören können. Um optimale Ergebnisse zu erzielen, kann eine Menschenmenge anwesend sein und Abstimmung über die besten Projekte und eine Juryabstimmung (hier bitte Führungskräfte und Entscheidungsträger einbeziehen).

Das Voting sollte das Projekt mit dem größten Potenzial widerspiegeln. Bitten Sie den Konferenzveranstalter, alle darauf hinzuweisen, dass es nicht darum geht, wer die meisten Sympathien und Likes erhält, sondern was das größte Potenzial für das Unternehmen aufweist. **Es können mehrere Kategorien gebildet werden:** TOP (die besten 3 Projekte), Best of Crazy (1 Projekt), Best of Creative (1 Projekt), Best of Fun (1 Projekt), Beste Präsentation (1 Projekt) - und weitere Kategorien z.B. wie bei den Oscars. Die Jury kann sich (idealerweise) dafür entscheiden, jedem Projekt einen eigenen Preis zu verleihen, der den Beitrag des jeweiligen Projekts zusammenfasst.

5. **Jury-Sitzung - und Abstimmungs-Sitzung für alle anderen.**
6. *Pause (während im Hintergrund die Preisverleihung vorbereitet wird) - vielleicht auch eine Pause wie nach einer Konferenz, damit sich alle umziehen können und dann zu einer Abendveranstaltung kommen.*
7. **Preisverleihung** (vielleicht eine richtige **Gala**?) mit der Bekanntgabe der Preise und dem Dank des Vorstandsvorsitzenden an alle und einem Ausblick auf die weitere Verwendung der Beiträge.

Herausforderungen

Organisieren Sie nur dann eine Zukunftskonferenz, wenn Sie die Ergebnisse auch nutzen wollen.

Links/Literatur/Fälle

Mader, I. (2019) Der Werkzeugkasten des Informations- und Wissensmanagements. Excellence Edition No. 10, 2022. Excellence Research, Wien.

LEVEL ★★☆ advanced | TIME average | SCENARIO group(s)

Culture Hack

Interface Workshop

Zusammenfassung

Schnittstellen-Workshops werden eingesetzt, wenn an denselben Berührungspunkten immer wieder Probleme auftreten. In diesen Workshops werden die Ursachen für Missverständnisse und Probleme aufgedeckt und gemeinsam Lösungen gefunden, was eine reibungslose Umsetzung und das Verständnis innerhalb der Belegschaft fördert.

Zielsetzung

Glättung der Umsetzung und des Tagesgeschäfts und Lösung von Problemen, die immer wieder an denselben Berührungspunkten und Schnittstellen auftreten (daher der Name der Methode). Abteilungsübergreifende Veränderungen und Problemlösungen werden die Zusammenarbeit und das Verständnis verbessern.

Begründung

Schnittstellen-Workshops dienen der Lösung von Einzelproblemen und binden die betroffenen Teams ein, um gemeinsam eine Lösung für das Problem zu finden.

Beschreibung und Vorgehen

Schnittstellen-Workshops werden von Teamleitern oder Führungskräften einberufen, die Teams leiten, die ein Problem an einer Schnittstelle der Zusammenarbeit haben.

Das betreffende Thema wird aus beiden (oder mehr) Perspektiven dargestellt und dann machen sich beide

Erfolgsfaktoren

- Je nach den spezifischen Bedingungen des jeweiligen Themas würden die Manager der beteiligten Teams moderieren, oder ein vertrauenswürdiger neutraler Moderator sollte durch den Workshop führen.

Voraussetzungen

Bereitschaft zur Zusammenarbeit.

Teams auf den Weg, um gemeinsam eine Lösung zu finden, sobald sie die Standpunkte und Herausforderungen anderen Teams verstanden haben.

Umsetzung

Wenn immer wieder Probleme an der gleichen Schnittstelle der Zusammenarbeit zwischen Teams auftauchen, sollten Sie einen Schnittstellen-Workshop einberufen.

Schnittstellen-Workshops dienen der Verbesserung der Zusammenarbeit zwischen Abteilungen und/oder Teams bzw. zwischen internen und externen Organisationseinheiten. Ziel ist es, Missverständnisse und zu identifizieren und die Methoden und Motivationen Kontrahenten zu verstehen. Auch das Kennenlernen der beteiligten Personen ist in der Regel hilfreich auf dem Weg zur Lösung eines Problems. Gemeinsam werden Lösungen erarbeitet und Vorgehensweisen vereinbart.

Schnittstellen-Workshops werden von beiden (allen) verantwortlichen Führungskräften oder einer neutralen dritten Person moderiert. Es werden Herausforderungen diskutiert, Hintergründe geklärt und Lösungen entwickelt, die für beide Seiten machbar sind.

Herausforderungen

Es besteht die – seltene, aber dennoch vorhandene – Möglichkeit, dass Unvereinbarkeit zwischen Personen besteht. Im Allgemeinen sollte die Fähigkeit zur Zusammenarbeit auch ohne jemanden zu mögen, gegeben sein. Dennoch ist es möglich, dass keine Harmonie hergestellt werden kann. In diesem Fall kann im Wege über **Mediation** oder Vermittler (wie auch in der Diplomatie üblich) gearbeitet werden, bei der die beteiligten Personen zuerst im Wege über die Mediation ihre Bedürfnisse und Anliegen austauschen.

Links/Literatur/Fälle

Mader, I. (2023) Wissensmanagement erfolgreich umsetzen. Praxisleitfaden mit Self-Check, Toolselektionshilfe und Toolbox. ISO 9001:2015 konform. Springer Gabler: Wiesbaden.

LEVEL	TIME	SCENARIO
★★☆ advanced	average	group(s)

Culture Hack

Interne Challenge

Zusammenfassung

Rufen Sie eine interne Herausforderung aus, wenn Ihr Team oder Ihre Organisation vor einer bestimmten Herausforderung steht. Jeder, der glaubt, zur Lösung beitragen zu können, kann sich beteiligen. Jede Idee ist willkommen. Alle Herausforderungen haben eine bestimmte Frist, nach deren Ablauf der Gewinner der Herausforderung bekannt gegeben und belohnt wird.

Zielsetzung

Eine kreative Lösung für eine bestimmte Herausforderung zu finden und jeden dazu zu bringen, sich mit den Herausforderungen zu identifizieren, mit denen die Organisation konfrontiert ist.

Begründung

Wenn die Lösungsfindung auf eine kleine Anzahl von Personen beschränkt ist, sind auch den möglichen Lösungen Grenzen gesetzt. Wie viel kann z. B. aus einem Viererteam herauskommen? Erhöhen Sie die Anzahl der Personen, die über eine Herausforderung nachdenken und Ideen und Lösungen entwickeln, indem Sie eine Challenge ausrufen.

Beschreibung und Vorgehen

Interne Challenges sind Wettbewerbe innerhalb des Unternehmens, bei dem es darum geht, eine bestimmte Aufgabe innerhalb einer bestimmten Zeit zu lösen.

Der Gewinner erhält eine Auszeichnung.

Erfolgsfaktoren

- Vergewissern Sie sich, dass verantwortliche Team (falls vorhanden) eine interne Herausforderung nicht als Wettbewerb oder als Misstrauensvotum gegenüber den eigenen Fähigkeiten empfindet.

Voraussetzungen

Keine.

Best Practice

Best Practice bei Intel, Nintendo, ABB.

Umsetzung

Rufen Sie eine Herausforderung aus, um ein bestimmtes Problem oder eine Herausforderung zu lösen, mit der das Unternehmen konfrontiert ist. Legen Sie einen Termin fest, bis zu dem Vorschläge, Ideen und Lösungen eingereicht werden können. Informieren Sie alle, wie der Entscheidungsprozess ablaufen wird.

Preisverleihung an den/die Gewinner und Präsentation der Lösung vor allen.

Herausforderungen

Bedenken Sie, dass es Herausforderungen geben kann, für die bestimmte Teams zuständig sind. Sie sollten sich nicht übergangen fühlen, oder die Herausforderung sollte nicht grundsätzlich jedem sagen, dass man ihm nicht zutraut, selbst eine Lösung zu finden. Der positive Effekt des Engagements wird durch die Entfremdung eines Teams vor allen anderen zunichte gemacht.

Links/Literatur/Fälle

Mader, I. (2019) Der Werkzeugkasten des Informations- und Wissensmanagements. Excellence Edition No. 10, 2022. Excellence Research, Wien

LEVEL	TIME	SCENARIO
★☆☆ easy	average	team

Culture Hack

Junior System

Zusammenfassung

Das Junior System hilft älteren Mitarbeitern bei der Dokumentation und ermöglicht es neuen Junior Mitarbeitern, sofort mit der Arbeit zu beginnen.

Zielsetzung

Sie machen Junioren frühzeitig produktiv, entlasten Senioren von der Dokumentation und tragen dazu bei, die Wissensbasis für alle zu verbreitern und gleichzeitig die Zusammenarbeit zu verbessern und Vertrauen aufzubauen.

Begründung

Neue machen sich eine Menge Notizen. Lassen Sie uns diese Notizen produktiv nutzen!

Beschreibung und Vorgehen

Neue Mitarbeiter machen sich viele Notizen. In den ersten Wochen und Monaten ist ein Notizbuch (digital oder auf Papier) eine gute Hilfe, um den Tag zu überstehen.

Nach einigen Wochen oder Monaten verbleibt dieses Notizbuch in der Schreibtischschublade, weil die Inhalte inzwischen bekannt sind. In dieser Schublade liegt das Notizbuch dann wahrscheinlich mehrere Jahre lang, bis es irgendwann entsorgt wird. Schade!

Erfolgsfaktoren

- Das Format, der Ort und der Stil der Dokumentation werden im Vorfeld gemeinsam festgelegt.
- Wenn Junioren zur Mitarbeit aufgefordert werden, können sie auch Kontakte knüpfen und gegenseitiges Vertrauen aufbauen.
- Kurz! Bedenken Sie, dass andere vielleicht nicht viel Zeit zum Lesen haben.

Voraussetzungen

Keine.

Das machen alle, die in einem Unternehmen anfangen. Sie machen sich Notizen, archivieren sie und werfen sie irgendwann weg oder löschen sie.

Das muss nicht sein.

Die Junioren können stattdessen diese Inhalte an einem vereinbarten Ort sammeln und so eine Wissensbasis schaffen, mit der die nächste Generation von Junioren beginnen kann. Die Notizen, die sich jeder zu Beginn macht, können so kollektiv nützlich sein, und neue Mitarbeiter können sofort etwas Sinnvolles zum Betrieb beitragen.

Umsetzung

Wenn Junioren etwas fragen und von Experten Informationen und Antworten erhalten, verpflichtet das Juniorensystem sie, diese Informationen im Gegenzug zusammenzufassen und an einer vereinbarten Stelle zu dokumentieren. Auf diese Weise werden die Experten teilweise von Dokumentationsaufgaben entlastet und die Junioren können etwas für den erhaltenen Wert zurückgeben. Für sie stellt jede Information einen Wert dar, der ihnen hilft zu lernen, wie sie ihre Arbeit machen sollen. Mit dem Junior System können sie etwas zurückgeben und von Anfang an etwas Sinnvolles tun.

Tipp: Die Dokumentation kann auch in Form eines kurzen Videos erfolgen, wenn es zum Inhalt passt.

Herausforderungen

Nicht alle sind Schreibtalente. Das gilt für alle Altersgruppen. Helfen Sie mit Vorlagen, die eine Struktur und einen Stil vorgeben.

Links/Literatur/Fälle

Mader, I. (2023) Wissensmanagement erfolgreich umsetzen. Praxisleitfaden mit Self-Check, Toolselektionshilfe und Toolbox. ISO 9001:2015 konform. Springer Gabler: Wiesbaden.

LEVEL	TIME	SCENARIO
★★☆ advanced	average	team

Culture Hack

Knowledge Excellence© Quick Check

Zusammenfassung

Fachwissen und Kenntnisse innerhalb eines Unternehmens sind Kernelemente, die den Wert eines Unternehmens und seine Leistungen auf dem Markt ausmachen. Unterm Strich: Wir alle verkaufen Wissen. Je rarer es ist, desto teurer. Der folgende Quick-Check befasst sich mit den dringendsten Fragen.

Zielsetzung

Verbesserung des Wissensaustauschs und die Verringerung von Produktivitätsverlusten bei der Wissensarbeit: Eine 80-fache Zunahme der Informationen seit den 1970er Jahren, 3 Stunden, die mit Rückkonzentration nach unnötigen Unterbrechungen verloren gehen, 1-3 Stunden, die mit der Suche nach Informationen verbracht werden (unverändert in den letzten 25 Jahren!), 1 Stunde, die durch den unproduktiven Anteil von Besprechungen verloren geht, und die Liste geht weiter.

Begründung

Wissensmanagement leidet unter dem Vorurteil, dass es Zeit kostet, dabei ist das Gegenteil der Fall: Es setzt Zeit frei! Es ist nur so, dass wir keine Rendite

Erfolgsfaktoren

- Der Bedarf steht an erster Stelle, erst dann kann man über Methoden und Werkzeuge entscheiden!
- Weniger ist mehr! Führen Sie nicht gleich 5 Instrumente und Methoden auf einmal ein. Nutzen Sie den Produktivitätsgewinn der ersten (zwei), um die nächste einzuführen (falls erforderlich).
- Beseitigen Sie Wettbewerb. Man kann nicht beides haben: Wissenstausch ODER Wettbewerb.
- Die Führungskräfte müssen die Initiativen unterstützen. Wissensmanagement funktioniert nicht als "Guerilla-Projekt".

Voraussetzungen

Keine.

erwarten können, wenn wir nicht investiert haben. Die Investition ist in der Regel nur ein Bruchteil dessen, was durch die Aktivität gewonnen wird. Falls mehr investiert als gewonnen wird, sollte man das Vorhaben sein lassen. Der Gewinn von Wissensmanagement liegt allerdings nicht nur in der Produktivität bzw. im Sparen von Zeit. Erhöhung von Qualität, Reduktion von Beschwerden u.v.m. können Ziele von Wissensmanagement Maßnahmen sein.

Beschreibung und Vorgehen

Gehen Sie mit dem Team den untenstehenden Self-Check durch. Die Probleme, die die größte Ineffizienz oder den größten Zeitverlust verursachen, sollten zuerst angegangen werden.

Umsetzung

1. Versammeln Sie Ihr Team (oder einen etablierten Vertreter aus jeder Abteilung – nicht den Sommerpraktikanten, bei allem Respekt!) und arbeiten Sie den folgenden Knowledge Excellence Quick Check durch. Diskutieren Sie die Bewertungen. Es ist nicht sinnvoll, den Durchschnitt der Bewertungen zu ermitteln (wenn eine Person die höchste und eine andere die niedrigste Bewertung abgibt, sagt der Durchschnitt nichts aus). Beachten Sie die unterschiedlichen Bedürfnisse. **Verschiedene Teams können unterschiedliche Anforderungen haben und unterschiedliche Werkzeuge benötigen.**

	Knowledge Excellence Quick-Check	1 = kein Problem 6 = großes Problem
1	Wertvolles Expertenwissen geht durch Stellenwechsel/Pensionierung verloren.	
2	Inadäquate Dokumentation führt zur vielfachen Unterbrechung von Experten.	
3	Unterbrechungen verursachen signifikante Zeit- und Produktivitätsverluste	
4	Experten verbringen zu viel Zeit in (unproduktiven) Meetings.	
5	Experten haben nicht genügend Konzentrationszeit für ihre Kern-Aufgaben.	
6	Zu viel Zeit wird für die Suche nach Informationen verwendet.	
7	Mitarbeiter unterbrechen andere lieber als selbst zu suchen.	
8	Wissen wird über die Abteilungsgrenzen hinweg nicht gut genug geteilt.	
9	Es findet wenig Wissenstausch statt, weil man einander misstraut.	
10	Alle sind durch Informationsflut überlastet.	
11	Zu viel Zeit wird mit Administration und Bürokratie verbracht.	
12	Es ist nicht genug Zeit für Dokumentation.	

2. Setzen Sie im Team Prioritäten: Pinnen Sie Fragen mit einer Bewertung von 5 oder 6 an eine Tafel. Diskutieren Sie die Kriterien für die Prioritätensetzung: Einerseits können wir priorisieren, um die Arbeitskultur oder die Qualität der Arbeit zu verbessern, oder wir priorisieren, was die meiste Zeit freisetzt oder den größten Hebel hat.

3. Auf Seite 3 dieser Beschreibung finden Sie die Werkzeugauswahl. **Bitte teilen Sie diese nicht gleich zu Beginn mit**, da wahrscheinlich jeder sofort zur Toolbox greift, anstatt zuerst die Probleme zu identifizieren. In der Regel scheitert toolgetriebenes Wissensmanagement, weshalb wir diesen Reflex hier vermeiden wollen. Schauen Sie sich die vorgeschlagenen Methoden und Werkzeuge gemeinsam mit dem Team an, erst nachdem Sie gemeinsam die Bedarfe identifiziert haben. Im Idealfall wählen die Teams mithilfe der Toolselektionshilfe (siehe nächste Seite) gemeinsam aus.

4. **Setzen Sie sich für jedes Thema ein "Mittel zum Zweck-Ziel". "FAQs einführen" ist kein gutes Ziel. " Unterbrechungen reduzieren" ist ein gutes Ziel. FAQs sind dann die Methode, um dieses Ziel zu erreichen.**

5. Planen Sie nun die Umsetzung im Team und stellen Sie sicher, dass die neuen Maßnahmen in die alltäglichen **Prozesse und Zuständigkeiten** integriert werden, um sicherzustellen, dass sie in der täglichen Routine ankommen.

Herausforderungen

Keine toolgetriebene Einführung von Wissensmanagement! Mit hoher Wahrscheinlichkeit scheitern solche Projekte. Wenn es keinen sichtbaren Bedarf gibt, den die Teams vorher selbst (!) ermittelt haben, müssen Leute später ermahnt und erinnert werden, und die Tools werden dennoch nicht genutzt. Wissensmanagement, das gut gemacht ist, bewirkt Pull und nicht Push, spart Zeit und ist nicht die quälende, unerwünschte Aufgabe, die jeder gerne vermeidet. Was Menschen mitgestaltet haben, werden sie mittragen.

Links/Literatur/Fälle

Mader, I. (2023) Wissensmanagement erfolgreich umsetzen. Praxisleitfaden mit Self-Check, Toolselektionshilfe und Toolbox. ISO 9001:2015 konform. Springer Gabler: Wiesbaden.

knowledge excellence

Tool-Selection

Kategorie	Nr.	Problem	Agile Management	AI, Intelligent Document Processing etc.	Automatization/Digitalization	Bots	Business Talks	Chat Systems / Messenger Systems	Daily	Database	Elevator Pitch (Abstracts, Summaries)	Eliminate competition (sorry, it's a fact)*	Email Etiquette	Enterprise-Search AI (on premise!)	Expert Debriefing	Expert Debriefing "light"	FAQ	First-Level-Support	Information Design	Junior System	Meeting rules, productive meetings	Quiet Time	Tackle Day	Wiki
Loss of Knowledge	1	Wertvolles Expertenwissen geht durch Stellenwechsel/Pensionierung verloren.					x								x	x				x				
	2	Inadäquate Dokumentation führt zur vielfachen Unterbrechung von Experten.		x						x							x	x		x			x	x
Productivity	3	Unterbrechungen verursachen signifikante Zeit- und Produktivitätsverluste	x						x					x			x	x	x			x		
	4	Experten verbringen zu viel Zeit in (unproduktiven) Meetings.	x																		x	x		
	5	Experten haben nicht genügend Konzentrationszeit für ihre Kern-Aufgaben.	x														x	x		x		x		
	6	Zu viel Zeit wird für die Suche nach Informationen verwendet.		x		x					x			x			x	x	x					
Knowledge Behavior	7	Mitarbeiter unterbrechen andere lieber als selbst zu suchen.		x	x	x		x						x			x							
	8	Wissen wird über die Abteilungsgrenzen hinweg nicht gut genug geteilt.										x												
	9	Es findet wenig Wissenstausch statt, weil man einander misstraut.										x												
Information Overload	10	Alle sind durch Informationsflut überlastet.		x						x	x		x	x			x	x		x	x	x	x	
	11	Zu viel Zeit wird mit Administration und Bürokratie verbracht.	x	x	x	x																		
	12	Es ist nicht genug Zeit für Dokumentation.	x	x										x						x		x	x	

* *Die Forschung zu den Erfolgsfaktoren des Wissensmanagements (siehe Literaturkasten) zeigt, dass Konkurrenz/Wettbewerb zwischen Personen/Abteilungen usw. Wissensmanagement unmöglich macht. Der folgende Fall aus der Praxis illustriert dies: Bei einer deutschen Gewerkschaft, Bundesgeschäftsstelle: "Wir möchten Wissensmanagement in der gesamten Organisation einführen." "Klar, Sie meinen zwei Wissensmanagement-Projekte, richtig?" ... "Wir hatten an ein Projekt gedacht." ... "Sie meinen also, die sozialdemokratische Fraktion und die Konservativen werden ihr Wissen miteinander teilen?" (Gelächter) "Okay, zwei Projekte."*

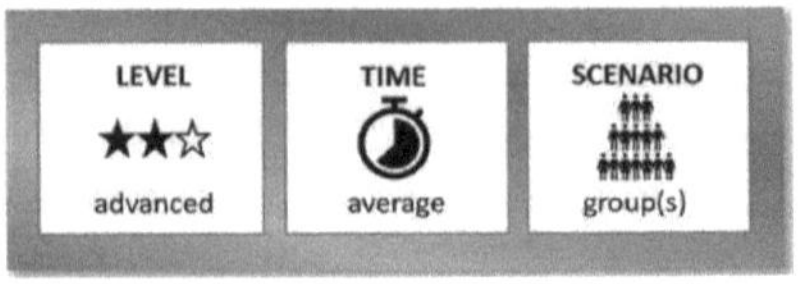

Culture Hack

Leadership Roundtable

Zusammenfassung

Es handelt sich dabei um ein Peer-Format, bei dem sich Manager und Führungskräfte zu einem offenen und vertrauensvollen Austausch treffen, um wichtige Themen zu erörtern, die Initiativen oder Anliegen der anderen zu unterstützen und Empfehlungen von Gleichrangigen einzuholen.

Zielsetzung

Aufbau einer Management-/Führungskräftegemeinschaft, in der sich die Mitglieder gegenseitig auf Augenhöhe unterstützen.

Begründung

Ist es einsam an der Spitze? Nicht unbedingt.

Es gibt Anliegen, die Manager oder Führungskräfte nicht mit ihren Mitarbeitern teilen sollten. Unabhängig vom Zeitgeist des Managements kann es Themen geben, die nicht mit dem Team besprochen werden sollten, da sie zu unangemessenen Sorgen führen könnten oder die Mitarbeiter mit Themen beschäftigen, die Sache des Managements sind und die die Mitarbeiter nicht kontrollieren können. Diese Themen können der Stimmung schaden oder die Mitarbeiter von ihren jeweiligen Aufgaben ablenken. Daher ist es ratsam, jedes Problem in einem geeigneten Rahmen oder in einer Gruppe zu besprechen.

Erfolgsfaktoren

- Hören Sie auf Ihr Führungsteam: Wenn sie das Format interessant finden, ist es wahrscheinlich ein nützlicher Culture Hack, andernfalls: lassen Sie es lieber und versuchen Sie etwas anderes.

Voraussetzungen

Keine.

Beschreibung und Vorgehen

Der Runde Tisch für Führungskräfte wird vierteljährlich, einmal im Jahr oder ad hoc (bei dringenden Problemen) einberufen, um wichtige Themen zu erörtern, die außerhalb der regulären Sitzungen liegen und die Aufmerksamkeit des Managements verdienen.

Umsetzung

Besprechen Sie mit Ihrem Führungsteam aus Managern und leitenden Angestellten, ob dieses Format für sie von Nutzen ist.

Wenn die Einführung eines solchen Formats nicht auf Gegenliebe stößt, dann würden wir auf der Ebene der Führungskräfte oder des Managements nur Zeit und Vertrauen verlieren.

Wenn das Format gut ankommt, kann es als Testformat bezeichnet werden, um zu sehen, ob es funktioniert und den erhofften Nutzen bringt. Abhängig vom Feedback der Teilnehmer kann das Format fortgesetzt werden - entweder als Ad-hoc-Sitzung oder vierteljährlich in einem festen Format.

Das Format erfordert wenig Koordination, wird aber idealerweise vom Büro CEO oder der höchsten teilnehmenden Führungskraft eingeladen und organisiert.

Herausforderungen

Wenn es Empfindlichkeiten oder Konflikte zwischen bestimmten Führungskräften oder Managern gibt, kann sich dieses Format als nicht sinnvoll erweisen. Andere Methoden, wie z. B. die Mediatisierung, wären erforderlich, um mögliche Konflikte im Vorfeld auszugleichen. Wenn Führungskräfte/Manager zurückmelden, dass sie es nicht nützlich finden, dann wäre es auch nicht sinnvoll, das Format zu etablieren.

Links/Literatur/Fälle

Mader, I. (2019) Der Werkzeugkasten des Informations- und Wissensmanagements. Excellence Edition No. 10, 2022. Excellence Research, Wien.

LEVEL	TIME	SCENARIO
★★☆ advanced	average	group(s)

Culture Hack

Meeting Rules + Infografik

Zusammenfassung

Unproduktive Besprechungen sind in vielen Unternehmen ein häufiges Problem. Mit ein paar einfachen Regeln - die idealerweise auf unterhaltsame Weise präsentiert werden - können Besprechungen nützlicher und engagierter werden.

Zielsetzung

Nutzen Sie die Zeit, die Sie in Sitzungen verbringen, optimal.

Begründung

Machen Sie Sitzungen produktiver und erhöhen Sie das Bewusstsein.

Beschreibung und Vorgehen

Einigen Sie sich mit Ihrem Team auf eine Reihe von Regeln und sorgen Sie dafür, dass sich alle daran halten. Wenn Sie die vereinbarten Regeln in jedem Besprechungsraum aushängen, können Sie sich besser an die Regeln erinnern.

Umsetzung

✶ Definieren Sie den Zweck/das Ziel des Treffens

✶ Eine Tagesordnung festlegen

✶ Begrenzen Sie die Anzahl der Teilnehmer

✶ Die Zeit aller respektieren

Erfolgsfaktoren

- Einigen Sie sich und diskutieren Sie im Team! Verständnis und Mittragen der vereinbarten Maßnahmen werden viel besser sein.

Voraussetzungen

Keine.

✶ Respektieren Sie den Kalender aller: keine Doppelbuchungen!

✶ Kein Multitasking bei E-Mails, Texten und Anrufen

Passen Sie sie nach Bedarf an und hängen Sie sie in jedem Sitzungsraum auf. Sie können die Vorlage unter https://knowledge-excellence.com/product/meetings-2/ gratis herunterladen. Viel Spaß dabei!

Bitte beachten Sie auch den Culture Hack **Productive Meetings.**

Links/Literatur/Fälle

Mader, I. (2023) Wissensmanagement erfolgreich umsetzen. Praxisleitfaden mit Self-Check, Toolselektionshilfe und Toolbox. ISO 9001:2015 konform. Springer Gabler: Wiesbaden.

Pumble (2022) Meeting-Statistiken, die Sie kennen sollten (2022). https://pumble.com/learn/ communication/meeting-statistics/

LEVEL	TIME	SCENARIO
★★☆ advanced	average	individuals

Culture Hack

Mentoring

Zusammenfassung

Das Mentoring macht ältere Mitarbeiter für jüngere Mitarbeiter und deren Entwicklung verantwortlich.

Zielsetzung

Erfahrene Mitarbeiter helfen Nachwuchskräften, sich in ihre Rolle und im Idealfall in eine Karriere innerhalb des Unternehmens einzufinden.

Begründung

Onboarding mag zwar eine nützliche Methode sein, um Nachwuchskräfte zu integrieren oder neue Mitarbeiter in die Belegschaft einzugliedern, aber es reicht nicht aus, um Talente zum Erfolg in ihrem jeweiligen Job zu führen. Mentoring ist ein Weg, um sie erfolgreich anzuleiten, ihre Aufgaben individuell zu meistern.

Beschreibung und Vorgehen

Beim Mentoring sind in der Regel ältere Mitarbeiter beteiligt, die jungen Talenten bei ihrem Karrierestart helfen. Bei Mentoren handelt es sich um handverlesene, erfahrene Experten, die das Lernen und die Karriere von Nachwuchskräften fördern können. Damit Mentoring erfolgreich sein kann, müssen beide Parteien, Mentoren und Mentees, bereit sein, Arbeit und Mühe zu investieren.

Erfolgsfaktoren

- Stellen Sie sicher, dass sich die Mentoren wirklich für ihre Mentees verantwortlich fühlen.

Voraussetzungen

Es gibt Menschen, die einfach nicht zusammenpassen. Versuchen Sie es mit einer anderen Person.

Umsetzung

Mentoring dient der direkten Weitergabe von Wissen und Erfahrung von erfahrenen älteren Mitarbeitern (Mentoren) an jüngere Mitarbeiter, die ihre Karriere weiterentwickeln und ihre Kompetenzen vertiefen wollen (Mentees).

Mentoren haben oft keine hierarchische Beziehung zu ihren Schützlingen. Ihre Rolle ist unterstützend und beratend, und sie erleichtern die Karriere der Junioren. Ihre Rolle ist in der Regel zeitlich begrenzt.

Oft geht es bei der Mentorenrolle darum, den Einstieg in eine (Fach-)Karriere zu erleichtern, und insbesondere auch Kontakte herzustellen usw.

Herausforderungen

Wenn Mentoren und Mentees nicht zusammenpassen: Bitte drängen Sie sie nicht, "sich einfach mehr Mühe zu geben". Wenn es nicht passt: Wechseln Sie zu einem anderen Match, das vielleicht besser funktioniert. Es gibt Unvereinbarkeiten, die nicht dadurch verschwinden, dass man sich mehr anstrengt. Wir verschwenden wertvolle Zeit und Energie, wenn wir versuchen, etwas zum Funktionieren zu bringen, das nicht passen wird. Finden Sie stattdessen eine Passung, die beide Seiten mögen - und lassen Sie die menschliche Magie wirken.

Links/Literatur/Fälle

Mader, I. (2023) Wissensmanagement erfolgreich umsetzen. Praxisleitfaden mit Self-Check, Toolselektionshilfe und Toolbox. ISO 9001:2015 konform. Springer Gabler: Wiesbaden.

LEVEL ★★☆ advanced | TIME average | SCENARIO individuals

Culture Hack

Messenger Groups

Zusammenfassung

Informationen so weiterzugeben, dass sie die Arbeit unterstützen und nicht stören, ist eine Kunst für sich. Wir müssen die Dringlichkeit und die Relevanz bestimmen und einen geeigneten Weg finden, das eine und das andere zu vermitteln, und sicherstellen, dass alle Beteiligten den Unterschied kennen.

Zielsetzung

Die richtige Information zur richtigen Zeit am richtigen Ort und in der richtigen Form und Länge: Ein hochgestecktes Ziel, aber es lohnt sich, danach zu streben.

Begründung

Kommunikation ist einer der Eckpfeiler für Effizienz, Verständnis und Erfolg. Wir wollen es besser machen!

Beschreibung und Vorgehen

Messenger-Gruppen werden in **Chat Systemen** (z.B. Signal) mit Teams oder Gruppen gebildet, die an einem bestimmten Thema arbeiten, um Informationen, die alle Beteiligten benötigen, schnell und einfach weiterzugeben.

Es können Texte, Links, Bilder, Videos und PDFs geteilt werden, je nachdem, was nützlich ist.

Erfolgsfaktoren

- Besprechen Sie in regelmäßigen Abständen mit der/den Gruppe(n), ob die gewählte Methode nützlich ist, und passen Sie sie gegebenenfalls an.
- Einigen Sie sich auf eine Etikette, die Ihrer Arbeitsweise entspricht.
- Arbeiten Sie mit der IT-Abteilung Ihres Unternehmens zusammen, um die richtige Messenger-App auszuwählen, die mit den IT- Sicherheitsanforderungen des Unternehmens übereinstimmt.

Voraussetzungen

Keine.

Neue Gruppenmitglieder können jederzeit hinzugefügt werden, Mitglieder können sich abmelden oder ihre Benachrichtigungen individuell einstellen.

Führungskräfte können auch Messenger-Gruppen nutzen oder in den Messenger-Kontakten erscheinen, um eine ansprechbare Atmosphäre zu schaffen. Normalerweise würden die Mitarbeiter diese Kontaktmöglichkeit ohnehin nur in dringenden Fällen nutzen - und das sind diejenigen, von denen Sie vielleicht ohnehin hören wollen.

Umsetzung

Gezielter Informationsaustausch und schnelle Aktualisierungen lassen sich gut über themen- oder teamspezifische Messenger-Gruppen organisieren. Gruppenmitglieder und Gruppennamen können schnell ausgewählt werden, und das Gespräch kann beginnen.

Tipps:

✶ Legen Sie Inhalt und Nicht-Inhalt fest.

✶ Müssen alle über eine Nachricht informiert werden?

✶ Ist tägliches Querlesen genug?

✶ Einigen Sie sich auf eine Etikette, die zu Ihrer Arbeitsweise passt.

Herausforderungen

Unterscheiden Sie eine Messenger-Gruppe von einem Gruppenchat zum Spaß. Das nicht, dass nicht auch gelacht werden kann, aber normalerweise sollten Messenger-Gruppen zu präzisen und punktgenauen Informationen beitragen und nicht zur Informationsüberlastung beitragen.

Legen Sie fest, was höflich ist: Wenn 27 Teammitglieder einzeln eine "Danke"-Nachricht schicken, wenn jemand einen Link in die Gruppe stellt, wird sich das schnell als Benachrichtigung herausstellen.

Eventuell Regeln ausarbeiten, wenn sie offensichtlich werden: Dies funktioniert gut, wenn Sie im Vorfeld mit der Gruppe vereinbart haben, dass laufend Verbesserungen vorgeschlagen werden können, um dieses Instrument für alle Beteiligten zu einem nützlichen Werkzeug zu machen.

Links/Literatur/Fälle

Mader, I. (2023) Wissensmanagement erfolgreich umsetzen. Praxisleitfaden mit Self-Check, Toolselektionshilfe und Toolbox. ISO 9001:2015 konform. Springer Gabler: Wiesbaden.

LEVEL	TIME	SCENARIO
★☆☆ easy	quick	team

Culture Hack

My Instruction Manual

Zusammenfassung

Handlungsanweisungen und Sicherheitshinweise sind praktisch für Werkzeuge – und sie können auch für Menschen nützlich sein! Zum Beispiel könnte "Ich funktioniere nicht gut vor 9 Uhr morgens" ein hilfreicher Hinweis für Kollegen sein, die sich wundern, warum frühmorgens nur sehr knappe Antworten kommen. Persönliche Hinweise können die Zusammenarbeit verbessern.

Zielsetzung

Verbesserung der Zusammenarbeit durch besseres gegenseitiges Verständnis.

Begründung

Missverständnisse können entstehen, wenn Kollegen bestimmte Vorlieben oder Einschränkungen anderer nicht kennen. Diese mögen im Großen und Ganzen irrelevant erscheinen, können aber zu unnötigen Irritationen führen, wenn sie nicht kommuniziert werden.

Beschreibung und Vorgehen

Jedes Teammitglied schreibt eine kurze Anleitung über sich selbst, damit die anderen ihre Vorlieben und Grenzen kennen.

Umsetzung

"Die Temperatur wurde heruntergedreht und mir ist kalt. Wenn ich kalt bin, bin ich wie eine Landmine: Tretet nicht auf mich."

Erfolgsfaktoren

- Wenn Sie sich nicht sicher sind, ob das Format gut ankommt, sollten Sie es zunächst in einem persönlichen Gespräch ausprobieren.

Voraussetzungen

Keine.

Konkret bedeutet das, dass manche Menschen besser funktionieren, wenn es warm ist, während andere besser funktionieren, wenn es kalt ist. Selbst wenn man sich bemüht, kann es sein, dass man in dem einen Zustand besser funktioniert als in dem anderen. Wir sollten nicht urteilen. Seien wir uns dessen bewusst!

Bitten Sie alle Teammitglieder, eine kurze Bedienungsanleitung über sich selbst zu erstellen.

Herausforderungen

Eine Gebrauchsanweisung kann Anweisungen enthalten, die nicht in den Geltungsbereich fallen. Bitten Sie alle, sich daran zu erinnern, dass eine Gebrauchsanweisung nicht dazu da ist, Bequemlichkeit zu fördern, sondern um auf spezifische, überschaubare Bedürfnisse einzugehen.

Links/Literatur/Fälle

Mader, I. (2019) Der Werkzeugkasten des Informations- und Wissensmanagements. Excellence Edition No. 10, 2022. Excellence Research, Wien.

LEVEL	TIME	SCENARIO
★★☆ advanced	quick	team

Culture Hack

Mystery Lunch (Lunch Roulette)

Zusammenfassung

Bei einer Verlosung werden zwei Mitarbeiter für ein gemeinsames Mittagessen ausgelost - ein ganz normales Mittagessen, wie man es an einem zu sich nehmen würde. Idealerweise nehmen auch Führungskräfte und die Managementebene an der Verlosung teil. Auf diese Weise lernen sich alle besser kennen und es entsteht Vertrauen.

Zielsetzung

Mischen Sie Ihre Mitarbeiter, um das Vertrauen, den Zusammenhalt und die abteilungsübergreifende Zusammenarbeit zu verbessern.

Begründung

Manche Kollegen kennen wir nur dem Namen nach, mehr nicht. Aus der Psychologie wissen wir, dass Vertrauen auch dadurch entsteht, dass wir mehr über sie wissen und Zeit mit ihnen verbringen. Selbst wenn sich nicht mehr Vertrauen entwickelt, können wir sie zumindest besser einschätzen, was bereits ein Vorteil ist.

Beschreibung und Vorgehen

In einer zufälligen Ziehung, an der alle Mitarbeiter (idealerweise auch Führungskräfte) teilnehmen, werden Paare ausgelost, die gemeinsam zum Mittagessen gehen. Die beiden beteiligten Personen vereinbaren untereinander Datum, Uhrzeit und Ort.

Erfolgsfaktoren

- Berücksichtigen Sie individuelle Vorlieben wie Kaffee statt Mittagessen, Nachmittag oder Vormittag statt Mittag usw.

Voraussetzungen

Keine.

Nach einiger Zeit werden sich aus dieser einfachen Übung positive Beiträge für die Stimmung, die Zusammenarbeit und die Kultur ergeben.

Umsetzung

Erläutern Sie das Format in einer Townhall-Sitzung – idealerweise, wenn eine stattfindet, denn die Ankündigung eines Mystery Lunch oder Lunch Roulette rechtfertigt nicht die Einberufung einer Townhall-Sitzung.

Die Auslosung kann einmal im Quartal, eventuell auch in kürzeren Abständen, durchgeführt werden.

Gebräuchlich sind verschiedene Auslosungsformen: Handverlosung aus einer Schale mit den Visitenkarten oder durch normale gedruckte Karten – oder durch einen Zufallsgenerator im Intranet – oder welches Format Sie auch immer wählen. Die beiden ausgelosten Personen vereinbaren nach eigenem Ermessen, wo und wann und wie man sich trifft.

Natürlich gibt es keine Berichterstattung.

Nach einiger Zeit werden sich Stimmung, Zusammenhalt und Zusammenarbeit verbessern – selbst wenn sich diese bereits auf hohem Niveau befinden.

Herausforderungen

Kollegen, die normalerweise nicht zum Mittagessen gehen, können sich mit anderen zu anderen Gelegenheiten verabreden und sich z. B. auf einen Kaffee treffen. Stellen Sie sicher, dass niemand unangenehme Umstände in Kauf nehmen muss, um an Teamformaten teilzunehmen. Wenn man von einem Kollegen erfährt, dass er gerne die Mittagspause durcharbeitet, um sich in Ruhe konzentrieren zu können, ist das schon etwas, das man respektieren sollte. Je weniger starr das Format, desto besser.

Links/Literatur/Fälle

Mader, I. (2019) Der Werkzeugkasten des Informations- und Wissensmanagements. Excellence Edition No. 10, 2022. Excellence Research, Wien.

LEVEL	TIME	SCENARIO
★☆☆ easy	quick	team

Culture Hack

Note to Self

Zusammenfassung

Wenn sich Prozesse ändern, stehen verschiedene Personen vor verschiedenen Herausforderungen, um sich an die neue Struktur oder Arbeitsweise anzupassen. Bitten Sie bei der Einführung von Veränderungen alle, sich zu notieren, worauf sie besonders achten müssen, um die neue Situation oder den neuen Prozess einzuhalten.

Zielsetzung

Fördern Sie neue Prozesse individuell, ohne dass Sie von außen gemahnt werden müssen, sondern mit der Etablierung von Selbstverpflichtungen.

Begründung

Bei Veränderungen, auf die man sich gemeinsam geeinigt hat, brauchen wir manchmal individuelle Erinnerungen für uns selbst, um sicherzustellen, dass wir die neuen Abläufe und Praktiken übernehmen. Routine ist eine Stärke, die es dem Gehirn ermöglicht, Standardprozesse mit minimalem Energieverbrauch ablaufen zu lassen (im wahrsten Sinne des Wortes). Neue Prozesse verbrauchen viel mehr Energie als Routinen, was im Grunde genommen der Grund dafür ist, dass sich jeder eher an Routinen und bekannten Prozessen orientiert als an Veränderungen - es sei denn, die Veränderung verspricht mittelfristig einen größeren Gewinn wie Zeitersparnis usw.

Erfolgsfaktoren

- Ziehen Sie diese Methode niemals für Änderungen in Betracht, die von den Mitarbeitern stark kritisiert oder als Strafe angesehen werden könnten.

Voraussetzungen

Keine.

Beschreibung und Vorgehen

Wenn neue Prozesse eingeführt werden, bitten Sie jeden, sich selbst eine Notiz zu schreiben, woran er sich erinnern möchte, worauf er achten oder worauf er zurückkommen möchte usw., um sicherzustellen, dass er den neuen Prozess gut einarbeitet.

Ideales Einsatzgebiet sind Änderungen, die durch öffentliche, gesetzliche oder prüfungsrelevante Anforderungen verursacht werden.

Umsetzung

Wenn neue Prozesse oder Regeln ausgearbeitet oder eingeführt wurden, nehmen Sie sich nach der Vorstellung der Änderungen ein paar Minuten Zeit für Ihr Team, damit jeder für sich eine Notiz macht und überlegt, woran er sich in Bezug auf bestimmte Herausforderungen, die er bei der Umsetzung der Änderung oder der neuen Routine sieht, erinnern möchte.

Diese Notizen sind für jeden einzelnen bestimmt und dürfen nicht mit anderen geteilt werden. Bei der Methode geht es darum, sich bewusst Zeit zu nehmen, um wichtige Aspekte für sich selbst zu berücksichtigen und sie aufzuschreiben, damit sie besser in Erinnerung bleiben.

Herausforderungen

Wichtige Sicherheitsvorkehrung: Verwenden Sie diese Methode nicht für Veränderungen, die auf starken Widerstand der Mitarbeiter stoßen, oder für Veränderungen, die sich wie eine Strafe anfühlen. Es kommt nicht gut an, wenn die Führungskraft den Schulmeister spielt.

Links/Literatur/Fälle

Mader, I. (2019) Der Werkzeugkasten des Informations- und Wissensmanagements. Excellence Edition 2022. Excellence Research, Wien.

LEVEL	TIME	SCENARIO
★★☆ advanced	average	group(s)

Culture Hack

Open Space

Zusammenfassung

Open Space ist ein Format, das die Beteiligung einer größeren Gruppe, eines Teams oder von Mitarbeitern ermöglicht, um Beiträge zu sammeln. Ein oder mehrere Themen werden zur Diskussion gestellt und jeder kann seinen Beitrag leisten. Die Teilnehmer diskutieren in wechselnden Gruppen, und die Moderatoren sammeln die Beiträge und erstatten dem Plenum anschließend Bericht.

Zielsetzung

Sammeln von Beiträgen aus vielen Perspektiven und mit unterschiedlichem Hintergrund und Erzeugen von Engagement durch Einbindung.

Begründung

Die Einbindung größerer Teilnehmer- oder Mitarbeitergruppen lässt sich mit dem Open Space Format gut organisieren. Jeder kann einen sinnvollen Beitrag leisten, und zwar auf eine ansprechende und meist selbstbestimmte Weise.

Menschen, die beteiligt waren, neigen dazu, das gemeinsam Erarbeitete zu unterstützen. In der Regel enthalten Ergebnisse, die aus Zusammenarbeit und breiter Beteiligung hervorgegangen sind, auch weitreichendere Überlegungen als Projekte, die von einer sehr kleinen Gruppe oder von Einzelpersonen allein entwickelt wurden. Unterm Strich: Eine breite und vielfältige Beteiligung macht die Ergebnisse besser.

Erfolgsfaktoren

- Moderatoren sind idealerweise eher neutral gegenüber dem Thema und dem Konsens, da sie eventuell Streitigkeiten schlichten müssen.

Voraussetzungen

Keine.

Beschreibung und Vorgehen

Ein Open Space ist ein Beteiligungsformat, an dem größere Gruppen teilnehmen können, um ein oder mehrere Themen zu diskutieren. In der Regel wird dieses Format genutzt, um verschiedene Beiträge, Perspektiven und Fachkenntnisse zu den diskutierten Themen zu sammeln. Besonders komplexe Themen eignen sich für einen Open Space, da durch die Breite des Inputs die Wahrscheinlichkeit, etwas Wichtiges zu übersehen, geringer ist.

Zu Beginn werden alle Themen (oder seltener: das einzige Thema) vorgestellt. In der Regel wird das Thema als Frage formuliert. Nach der Diskussion in moderierten fluiden Gruppen mit wechselnden Teilnehmern berichten die Moderatoren dem Plenum aller Teilnehmer, was diskutiert und gelernt wurde.

Danach werden die Ergebnisse in Projekte oder Initiativen einfließen.

Umsetzung

Laden Sie eine größere Gruppe zu einem Townhall-Format ein. Das Thema wird in der Regel in der Einladung genannt, nicht unbedingt alle einzelnen Sub-Themen (Fragestellungen). Diese werden zu Beginn der Veranstaltung vorgestellt. Auch das Ziel und die zur Verfügung stehende Zeit werden bekannt gegeben. Als Faustregel gilt: 15 Minuten pro Thema oder eine Gesamtdauer von maximal einer Stunde für die Diskussionsphase.

Die Teilnehmer versammeln sich dann entsprechend ihrer Interessen oder Kenntnisse an verschiedenen Pinnwänden und beteiligen sich dort an der Diskussion. Die Pinnwand-Moderation sorgt dafür, dass die Diskussionsbeiträge auf der Pinnwand festgehalten werden. Die Teilnehmer wechseln je nach Interesse von einer Pinnwand zur anderen.

Abschließend berichten die Moderatoren im Plenum über die Ergebnisse und der Moderator bedankt sich bei den Teilnehmern und gibt einen Ausblick, wie es mit den Ergebnissen weitergehen wird.

Herausforderungen

Wenn keine Absicht besteht, den Input und Output eines Beteiligungsformats zu nutzen, ist es nicht ratsam, einen Open Space durchzuführen. Ein Input, der gegeben und dann nicht genutzt wird, führt zu Frustration und die Stimmung leidet.

Wenn die Gesamtdauer mehr als 1,5 Stunden beträgt, sollte eine Pause eingelegt werden. Typischerweise kommt es nach etwa 1,5 Stunden zu einer Ermüdung oder kognitiven

Überlastung und Diskussionen verlaufen dann oft nicht mehr so gut oder führen sogar zu Konflikten.

Links/Literatur/Fälle

Horta, A., et al. (2018) Wien mags wissen: Wien will's wissen. Die Wissensmanagement-Strategie einer Stadt des Wissens": Vom Projektauftrag zur Umsetzung. Konferenzbeit- rag. In: Remenyi, D. (Hrsg.) 4th Knowledge Management and Intellectual Capital Excellence Awards. An Anthology of Case Histories 2018. 55-72.

Mader, I. (2023) Wissensmanagement erfolgreich umsetzen. Praxisleitfaden mit Self-Check, Toolselektionshilfe und Toolbox. ISO 9001:2015 konform. Springer Gabler: Wiesbaden.

LEVEL	TIME	SCENARIO
★☆☆ easy	quick	team

Culture Hack

Post Mortem Analysis

Zusammenfassung

Bei einer Post-Mortem-Analyse werden abgeschlossene Projekte oder Prozesse untersucht, um daraus Lehren zu ziehen und Verbesserungen zu erzielen. Diese Analyse ist besonders nützlich in Umgebungen, in denen Fehler erhebliche Auswirkungen haben können und ein schnelles organisatorisches Lernen erforderlich machen.

Zielsetzung

Schnelles Erkennen von Fehlern, schnelles Lernen.

Begründung

Sparen Sie Zeit und Geld, vermeiden Sie die Wiederholung von Fehlern, und verbessern Sie die Zusammenarbeit und das Verständnis für große Ganze.

Beschreibung und Vorgehen

Mit der Post-Mortem-Analyse können Teams abgeschlossene Projekte oder Prozesse systematisch analysieren und sofortige Verbesserungen für zukünftige Projekte oder Prozesse umsetzen.

Diese Methode ist besonders nützlich für Umgebungen mit vielen sich wiederholenden, ähnlichen Prozessen, wie z. B. Montage-, Implementierungs- oder Kundenprojekte.

Erfolgsfaktoren

- Alarmieren Sie das Post Mortem Team, dass Schuldzuweisungen sind nicht erlaubt. Der Schwerpunkt der Post-Mortem-Analyse liegt auf der Suche nach Verbesserungen, nicht auf Schuldzuweisungen.

Voraussetzungen

Keine.

Umsetzung

Eine Post-Mortem-Analyse läuft immer nach dem gleichen Verfahren ab.

1. Alle erforderlichen Daten und Informationen werden gesammelt.
2. Daten und Informationen werden systematisch analysiert (Fachleute wissen, wie man eine systematische Analyse in ihrem Bereich durchführt). Die Ergebnisse werden diskutiert und reflektiert. Wichtige Ergebnisse werden hervorgehoben, Ursachen und Auswirkungen von Schlüsselindikatoren werden analysiert.
3. Wichtige Ergebnisse werden hervorgehoben, Ursachen und Auswirkungen von Schlüsselindikatoren werden analysiert. Konsequenzen, Änderungen, Vorschläge und vorgeschlagene Entscheidungen werden gesammelt und zusammengefasst.
4. Eine abschließende Feedback-Runde und eine Reflexion schließen die Post Mortem- Sitzung ab.

Die wichtigsten Ergebnisse werden den Entscheidungsträgern mitgeteilt, und notwendige Änderungen werden umgesetzt.

Herausforderungen

Wie bei anderen Formaten auch: Machen Sie es sich zum Prinzip, niemals nach einem Schuldigen zu suchen. Es geht darum, Fehler und Verbesserungspotenziale zu erkennen und Prozesse anzupassen, anstatt Einzelne zu bestrafen oder Sündenböcke zu finden.

Links/Literatur/Fälle

Mader, I. (2019) Der Werkzeugkasten des Informations- und Wissensmanagements. Excellence Edition 10, 2022. Excellence Research, Wien.

LEVEL	TIME	SCENARIO
★☆☆ easy	quick	team

Culture Hack

Produktive Meetings

Zusammenfassung

Die Inflation unproduktiver Sitzungen ist in vielen Unternehmen zu einem Problem geworden. Obwohl der Koordinierungsbedarf nach wie vor besteht, versuchen viele, die Besprechungszeit zu reduzieren, um produktive Zeit für andere Aufgaben freizugeben. Mit ein paar kleinen Änderungen können Besprechungen jedoch wieder produktiv werden.

Zielsetzung

Nutzen Sie die Zeit, die Sie in Sitzungen verbringen, möglichst optimal.

Begründung

Studien zur Produktivität von Meetings zeigen, dass im Durchschnitt eine Stunde pro Tag durch unproduktive Anteile von Meetings verloren geht.

Beschreibung und Vorgehen

Produktive Meetings bedeuten im wörtlichen Sinne, dass die Teilnehmer während des Meetings zusammenarbeiten, um ein konkretes Ergebnis zu erzielen, indem sie gemeinsam an einer bestimmten Aufgabe arbeiten.

Im übertragenen Sinne liefern produktive Sitzungen Fortschritte, nützliche und praktische Informationen oder konkrete Ergebnisse wie erzielte Vereinbarungen, gefundene Schlussfolgerungen und Lösungen sowie die Klärung von Missverständnissen.

Erfolgsfaktoren

- Ideal für wenige Personen geeignet.

Voraussetzungen

Wetterangepasste Kleidung.

Umsetzung

Die folgenden Informationen können nützlich sein.

✶ Informationsformate

Wenn der Hauptzweck Besprechung darin besteht, die Teilnehmer über bestimmte Themen oder Punkte zu informieren, sollten Sie die folgenden Punkte berücksichtigen, um die Besprechungen produktiver zu gestalten:

- Gewähren Sie den Vortragenden eine kurze Redezeit, um denjenigen, die nicht an kurze Präsentationen gewöhnt sind, den Umgang mit kürzeren Stilen zu erleichtern.
- Verlängern Sie die Diskussionszeit zu bestimmten Themen, indem Sie einen längeren Austausch an das Ende Sitzung verschieben, so dass diejenigen, die nicht beteiligt sind, die Sitzung verlassen können, ohne wesentliche Inhalte zu verpassen.
- Streichen Sie Themen von der Tagesordnung, die auf andere Weise effizienter kommuniziert werden können: Themen, die nicht unbedingt persönlich besprochen werden müssen, können über E-Mails, Newsletter, das Intranet usw. verbreitet werden. Berücksichtigen Sie jedoch die gesamte Lesezeit: Wenn die Mitarbeiter jeden Tag 100 Seiten (oder 2 bis 3 Stunden) lesen müssen, geraten sie mit anderen Agenden in Verzug.

✶ Kommunikationsformate

Wenn das Hauptziel eines Meetings die Kommunikation ist, sollten Sie sich überlegen, welche Art der Kommunikation gewünscht wird. Die Definition von Kommunikation aus dem 20. Jahrhundert ist Rundfunk - in diesem Fall würden die oben genannten Informationsformate gelten. Echte Kommunikation findet statt, wenn mehr als eine Person spricht.

- Trennen Sie den Ideenaustausch und das Brainstorming von den Disseminationstreffen. Man könnte sie sogar kreativ und motivierend umbenennen, z.B. Leadership Exchange, Strategy Think Tank.
- Etablieren Sie digitale Kommunikationsformate, die persönliche Treffen begleiten, wie z. B. ein Expertenforum im Intranet.

✶ Formate für die Zusammenarbeit und für produktives Arbeiten

Sitzungen können zu konkreten Ergebnissen führen:

- Richten Sie "Arbeitssitzungen" ein: Alle Teilnehmer arbeiten gemeinsam an der Fertigstellung bestimmter Ergebnisse, z. B. eines Berichts oder einer Präsentation. Dies ist der Inbegriff produktiver Meetings, bei dem jeder mit einem greifbaren Ergebnis nach Hause geht!

Herausforderungen

Bevor Sie Änderungen vornehmen, kann es hilfreich sein, das Ziel, die Besprechungen produktiver zu gestalten, mit dem Team oder den beteiligten Kollegen zu besprechen.

Links/Literatur/Fälle

Mader, I. (2023) Wissensmanagement erfolgreich umsetzen. Praxisleitfaden mit Self-Check, Toolselektionshilfe und Toolbox. ISO 9001:2015 konform. Springer Gabler: Wiesbaden.

Starmind (2021) Productivity drain and the urgency of eliminating the endless search for answers. Starmind. Zürich.

Zapier (2021) Meetings aren't killing productivity; data entry is. Whitepaper. Zapier, Inc. San Francisco.

LEVEL	TIME	SCENARIO
★☆☆ easy	quick	team

Culture Hack

Quiet Time

Zusammenfassung

Quiet Time ist die systematische Bereitstellung von Konzentrationszeit, die idealerweise selbstbestimmt ist. In der heutigen Kultur der Informationsflut und der häufigen Unterbrechungen werden bis zu 40 % oder 3 Stunden (!) unseres Arbeitstages damit verbracht, sich nach einer Unterbrechung neu zu konzentrieren. Quiet Time hilft, die Produktivität von Wissensarbeit zu steigern.

Zielsetzung

Verbesserung der Produktivität durch Verringerung der unproduktiven Zeit, die nach Unterbrechungen für die Rückkonzentration aufgewendet wird. Bis zu 40 % - oder über drei Stunden eines jeden Arbeitstages wird durch unproduktives Refokussieren verbraucht.

Begründung

Wie Peter Drucker voraussagte, ist es die Herausforderung des Managements im 21. Jahrhundert, Wissen produktiv zu machen, so wie es für physische Arbeit im 20. Jahrhundert gelang. Unterbrechungen reduzieren die Produktivität, weil zu viel Zeit darauf verwendet wird, sich nach einer Unterbrechung neu zu konzentrieren. Schon eine einzige ungestörte Stunde pro Tag kann enorme Produktivitätsgewinne freisetzen!

Wir müssen unsere Informationsgewohnheiten und Umgangsformen an die heutige Informations- und Kommunikationsflut anpassen. **Derzeit behandeln wir unsere besten Mitarbeiter wie ein billiges Callcenter, indem wir sie alle paar Minuten unterbrechen.**

Erfolgsfaktoren

- Diskutieren Sie mit Ihrem Team über das Thema Unterbrechungskultur.
- Vereinbaren Sie innerhalb Teams, dass Sie die Konzentrationszeit der anderen respektieren.
- Fixe Zeiten für Quiet Time funktionieren meist nicht gut.

Voraussetzungen

Natürlich ist der Bedarf an Konzentrationszeit je nach Aufgabe unterschiedlich.

Beschreibung und Vorgehen

Quiet Time ist eine neue Arbeitsmethode, die konsequent planbare, unterbrechungsfreie Konzentrationszeiten ermöglicht. Sie hilft, Aufgaben zu erledigen, die durch Unterbrechungen am meisten gestört werden, wie das Schreiben oder Lesen von Berichten, das Aufsetzen von Verträgen, Programmierung und andere komplexe Tätigkeiten.

Umsetzung

Diskutieren Sie mit Ihrem Team über Informationsflut, Unterbrechungen und die Zeit, die für die Wiederaufnahme der Arbeit nach einer Unterbrechung benötigt wird. Stellen Sie Quiet Time als mögliche Lösung vor: Die Teammitglieder können je nach Bedarf flexibel Konzentrationszeiten in ihren Kalendern einplanen. Es ist wichtig, dass alle diese Zeiten respektieren. **Achtung: Niemand braucht 8 Stunden Konzentrationszeit. Zumeist reichen ein bis zwei Stunden pro Tag (unterschiedlich je nach Aufgabengebiet).**

Mögliche Diskussionspunkte:

- Was ist heute eigentlich höflich? Brauchen wir einen neuen Knigge? Anrufen oder nicht anrufen? Sollten wir einfach anrufen und jemanden unterbrechen, oder sollten wir vorher per Nachricht eine Zeit für einen Anruf vereinbaren? Zum Beispiel: "Hallo Martha, hast du heute Zeit für einen kurzen Anruf? Ich habe eine Frage zu XYZ".
- Was ist, wenn die Person, die wir anrufen müssen, gerade eine Präsentation hält, einen Workshop leitet oder im Flugzeug sitzt? In solchen Fällen könnten wir sie auch nicht erreichen und müssen auf eine Antwort warten.
- Wir alle wünschen uns sinnvolle und wichtige Gespräche und die Möglichkeit, uns die Zeit zu nehmen, diese Gespräche umfassend zu führen. Um dies zu erreichen, müssen wir die Stunden, die täglich durch unwichtige Unterbrechungen verloren gehen, reduzieren.

Ruhiger Raum: Alternativ dazu können bestimmte Besprechungsräume oder Büros für ruhiges Arbeiten eingerichtet werden.

Herausforderungen

In den letzten 20 oder 30 Jahren haben wir unser Gehirn und unseren Körper darauf trainiert, fragmentierte, abgelenkte und unterbrochene Arbeitstage zu haben. Wenn wir plötzlich eine Stunde unterbrechungsfreie Zeit haben, fällt es uns schwer, uns zu konzentrieren. Nach drei Minuten unterbrechen wir uns selbst und überprüfen unsere Telefone auf Nachrichten.

Warum ist das so? Jahrelang haben wir unser Gehirn darauf trainiert, alle paar Minuten eine Unterbrechung zu erwarten. Unsere Gehirne haben sich an diese "Normalität" angepasst. Wenn es keine Unterbrechungen von außen gibt, schafft unser Gehirn seine eigenen, weil es das weiß.

Aber was man gelernt hat, kann man auch wieder verlernen. Konzentrieren Sie sich weiter, bleiben Sie dran, und Ihre Konzentration wird mit der Zeit zurückkehren.

Links/Literatur/Fälle

Mader, I. (2023) Wissensmanagement erfolgreich umsetzen. Praxisleitfaden mit Self-Check, Toolselektionshilfe und Toolbox. ISO 9001:2015 konform. Springer Gabler: Wiesbaden.

LEVEL	TIME	SCENARIO
★★☆ advanced	average	individuals

Culture Hack

Reverse Mentoring

Zusammenfassung

Während es beim Mentoring in der Regel darum geht, dass erfahrene Mitarbeiter jüngeren Mitarbeitern bei der Anpassung an ihre Aufgaben helfen, funktioniert das umgekehrte Mentoring genau andersherum. Im Gegenzug für die Vermittlung von Wissen bringen die Junior- Mitarbeiter ihr Wissen ein und vermitteln ihren Mentoren und dem Unternehmen wertvolle Einblicke.

Zielsetzung

Beim Reverse Mentoring sind die Rollen vertauscht: Mentor und Mentee können sich gegenseitig unterrichten und unterstützen. Der Mentee kann auch etwas beitragen, anstatt nur zu empfangen.

Begründung

Ein erfahrener Mitarbeiter kann sein operatives und technisches Wissen an einen Einsteiger weitergeben, während der Neuankömmling ihn mit neuen Perspektiven und Kenntnissen aus seinem Umfeld unterstützen kann. Der Kerngedanke des Reverse Mentoring ist es, voneinander zu lernen, Generationen von Mitarbeitern zu verbinden und Talente zu halten.

Beschreibung und Vorgehen

Idealerweise geht das Reverse Mentoring mit dem traditionellen Mentoring Hand in Hand. Beim Mentoring berät und unterstützt ein erfahrener Mitarbeiter

Erfolgsfaktoren

- Sicherstellen, dass sich die Mentoren wirklich für ihre Mentees verantwortlich fühlen

Voraussetzungen

Es gibt Menschen, die passen einfach nicht zusammen. Macht nichts. Versuchen Sie eine andere Paarung.

einen jüngeren Mitarbeiter. Beim Reverse Mentoring werden die Rollen getauscht: Im Gegenzug für wertvolle Informationen oder Kontakte gibt der Junior Einblicke in Themen seiner oder ihrer Generation. Dieser Austausch fördert wertvolle Diskussionen und Verbindungen zwischen den Mitarbeitergenerationen.

Umsetzung

Im Idealfall unterstützen sich Mentor und Mentee gegenseitig. Anstatt nur Wissen an den Junior weiterzugeben, können erfahrene Mitarbeiter auch neues Wissen vom Junior erhalten, z. B. über die Werte der Generation oder die Nutzung sozialer Medien und Trends.

Regelmäßige Sitzungen sollten so angesetzt werden, dass sie in den vollen Terminkalender von leitenden Angestellten oder Führungskräften passen. Wöchentliche Sitzungen sind möglicherweise nicht so effektiv wie Sitzungen alle zwei Wochen.

In der Regel werden Mentoring- und Reverse-Mentoring-Programme von der Personalabteilung eingerichtet und erstrecken sich über das gesamte Unternehmen. Tipp: Achten Sie bei der Zusammenführung von Mentoren und Mentees auf die Überschreitung von Aufsichtsgrenzen, auf Interessenkonflikte und Vielfalt. Im Idealfall gehen Mentoring und Reverse Mentoring Hand in Hand, so dass beide Beteiligten voneinander lernen können.

Herausforderungen

Wie bei der Suche nach dem richtigen Mentor müssen auch beim Reverse Mentoring die Persönlichkeiten zueinander passen. (Reverse) Mentoring wird nicht funktionieren, wenn die beiden Persönlichkeiten einfach nicht miteinander auskommen. Das ist zwar selten, kann aber vorkommen. Ihnen zu sagen, dass sie sich einfach mehr anstrengen sollen, wird nicht funktionieren, da zu viel Energie in diese Anstrengung gesteckt wird. Wir lernen nicht gut, wenn wir den Lehrer nicht mögen. Am besten ist es in einem solchen (seltenen) Fall, eine andere Kombination zu finden.

Links/Literatur/Fälle

Jordan, J./Sorell, M. (2019) Why Reverse Mentoring Works and How to Do It Right. Harvard Business Review, Oct. 3, 2019. https://hbr.org/2019/10/why-reverse-mentoring-works-and-how-to-do-it-right

LEVEL ★★☆ advanced | TIME average | SCENARIO individuals

Culture Hack

Sense of Urgency

Zusammenfassung

Das Gefühl der Dringlichkeit ist ein Konzept, das von John Kotter eingeführt wurde. Grundsätzlich neigen Menschen dazu, dringenden Aufgaben Vorrang vor wichtigen Aufgaben einzuräumen. Doch Wichtigkeit allein reicht nicht aus, um eine Sache voranzutreiben. Damit ein wichtiges Thema Priorität erhält, muss es auch in irgendeiner Weise als dringend angesehen werden.

Zielsetzung

Förderung wichtiger Themen, die andernfalls aufgrund dringenderer Aufgaben aufgeschoben würden.

Begründung

Es gibt immer mehr als genug zu tun. Wichtige, aber nicht dringende Aufgaben werden letztlich deshalb oft nicht erledigt, aufgeschoben oder entwickeln nie Momentum. Ein guter Grund für Dringlichkeit ist Gold.

Beschreibung und Vorgehen

Der erste Schritt zur Einleitung einer Initiative oder zur Förderung einer Sache besteht darin, andere auf die Dringlichkeit hinzuweisen. Die Ausarbeitung und Formulierung eines Grundes für Dringlichkeit erfordert sorgfältige Überlegung, um sicherzustellen, dass er überzeugend und kohärent erscheint und nicht konstruiert wirkt.

Umsetzung

Legen Sie zunächst für sich selbst fest, warum das Thema, das Sie anderen zur Priorität machen wollen, tatsächlich dringlich ist.

Erfolgsfaktoren

- Dringlichkeit, die auf den ersten Blick erfunden erscheint, kann Teammitglieder vor den Kopf stoßen. Es sollte ein sehr guter Grund für die Dringlichkeit gefunden werden.
- Erhöhen Sie den Dringlichkeitsstatus nicht, wenn dies die Leistung der Mitarbeiter bei den angestrebten KPIs beeinträchtigen würde.

Voraussetzungen

Keine.

Überlegen Sie dann, warum es auch für andere Priorität sein könnte. Wenn Sie die Frage "Was habe ich davon?" beantworten können, ist das ein guter Anfang. Ihr Argument wird noch relevanter, wenn die Vorteile, die mit Ihrem Anliegen verbunden sind, das sind, was sie auch selbst wollen.

Wenn die Teammitglieder daran interessiert sind, vom Vorstand oder der Geschäftsleitung wahrgenommen zu werden, sollten Sie dafür sorgen, dass ein leitender Angestellter oder ein Vorstandsmitglied zu einer Teamsitzung kommt und sich bei denjenigen bedankt, die regelmäßig zu der von ihnen geförderten Sache beitragen. Es wird leichter sein, die Dringlichkeit einer äußerst freundlichen Haltung gegenüber Kunden zu vermitteln, als alle davon zu überzeugen, dass ein Beitrag zur Lessons Learned-Sammlung dringend erforderlich ist. Ein freundliches Gesicht und eine freundliche Haltung kosten keine Zeit und verringern nicht die Chancen, die eigenen KPIs zu erreichen. Im Gegenteil, es könnte sie sogar verbessern, da Kunden dazu neigen, mehr zu kaufen und häufiger an Orte zurückzukehren, die ihnen sympathisch sind.

Herausforderungen

Einen Beitrag zu den Lessons Learned zu schreiben, kostet Zeit. In dieser Zeit könnten einige Tickets abgearbeitet oder Kundenanfragen beantwortet werden, die mit KPIs in der Erfolgsmessung der Mitarbeiter festgelegt sind. KPIs werden deshalb immer gegen die Lessons Learned gewinnen. Es passiert auch vorerst nichts, wenn die Lessons Learned nicht geschrieben werden, aber die Leistungsbeurteilung und die Teamergebnisse können schlecht aussehen, wenn sie den Lessons Learned-Berichten Priorität einräumen. **Grundsatz: Dringlichkeit sollte nicht bestehenden KPIs entgegenstehen!**

Manchmal werden Dinge nicht erledigt oder aufgeschoben, weil sie nicht Teil der Gesamtprozesse sind. Aufgaben, die "neben der normalen Arbeit" zu erledigen sind, werden in den meisten nicht erledigt. **"Man sollte..." ist keine Anforderung und kein Prozess.** In diesem Fall funktionieren Culture Hacks nicht. Es muss eine Anforderung, ein Prozess oder ein KPI festgelegt werden – und dieser muss in der zur Verfügung stehenden Zeit machbar sein.

Es besteht immer die Gefahr, dass zu viele Dinge zu dringenden Anforderungen werden. Wir neigen ohnehin dazu, zu viele Prozesse und Regeln zu haben, weshalb die Einführung neuer Regeln mit Vorsicht zu genießen ist. Beachten Sie das **Eisenhower Prinzip: Wenn alles prioritär ist, ist nichts wichtig!**

Bedenken Sie, dass sich die verfügbare Gesamtzeit nicht auf magische Weise erhöht, wenn die Teammitglieder einer Sache Vorrang vor einer anderen einräumen. Andere Aufgaben werden verschoben werden müssen.

Wenn das Problem die strukturelle Überlastung der Mitarbeiter ist, sollten Sie Culture Hacks wie **Quiet Time**, **Tackle Day** oder den **Knowledge Excellence Quick Check** in Betracht ziehen, um zuerst produktive Zeit für Neues freizusetzen.

Leistungsindikatoren (Key Performance Indicators, KPIs) können die Mitarbeiter daran hindern, sich vorrangig mit der Ursache oder dem Problem zu befassen, das Sie gerne priorisiert hätten. Wenn Mitarbeiter ihre Ziele in Bezug auf die KPIs nicht erreichen, werden sie anderen Themen keine Priorität einräumen.

Links/Literatur/Fälle

Kotter, J. (2008) A Sense of Urgency. Harvard Business Press. Boston.

Kotter, J. (2012) Leading Change. Harvard Business Press. Boston.

Mader, I. (2023) Wissensmanagement erfolgreich umsetzen. Praxisleitfaden mit Self-Check, Toolselektionshilfe und Toolbox. ISO 9001:2015 konform. Springer Gabler: Wiesbaden.

LEVEL	TIME	SCENARIO
★☆☆ easy	quick	team

Culture Hack

Shared Pain Points

Zusammenfassung

Shared Pain Points („wo der Schuh drückt") ist eine Methode, die es den Mitarbeitern ermöglicht, sich über die Herausforderungen auszutauschen, mit denen sie konfrontiert sind, und auf der Grundlage ihrer Erfahrungen Erkenntnisse und Lösungen von anderen Teams zu erhalten.

Zielsetzung

Finden Sie schnell Lösungen und fördern Sie die Zusammenarbeit.

Begründung

Sparen Sie Zeit und Budget, verhindern Sie die Wiederholung von Fehlern und verbessern Sie die Zusammenarbeit, indem Sie ein Verständnis für das große Ganze fördern.

Beschreibung und Vorgehen

Shared Pain Points können nahtlos in andere Formate wie eine Community of Practice (CoP) integriert oder unabhängig davon eingesetzt werden. Bei eigenständigen Sitzungen, die von Einzelpersonen oder Teams initiiert werden, die nach Erkenntnissen suchen, werden ausgewählte Mitglieder zur Teilnahme eingeladen.

Im Rahmen einer CoP können gemeinsame Pain Points als ein bestimmter Tagesordnungspunkt dienen, bei dem die Teilnehmer verschiedene Themen vorbereiten und austauschen, die von zwischenmenschlichen Beziehungen bis hin zu Wissenslücken und neuen Herausforderungen reichen.

Erfolgsfaktoren

- Versammeln Sie eine vielfältige Gruppe mit unterschiedlichem Hintergrund und Erfahrung.

Voraussetzungen

Keine.

Umsetzung

Die Sitzung "Gemeinsame Schmerzpunkte" beginnt in der Regel damit, dass sich die Teilnehmer über ihre jeweiligen Schmerzpunkte austauschen - insbesondere diejenigen, die Probleme zur Diskussion mitgebracht haben.

Schmerzpunkte werden an eine Pinnwand geheftet und gruppiert, wenn es viele sind und sie aufgeschrieben werden können (**beachten Sie, dass es in manchen Fällen nicht ratsam ist, Probleme aufzuschreiben!**). Bei nicht-sensiblen Themen sind Pinnwände eine effektive Möglichkeit, die Beiträge zu clustern. Die Teilnehmer können dann in kleineren Gruppen Feedback einholen, bevor sie ins Plenum bzw. die Gesamtgruppe zurückkehren, um die Ergebnisse zusammenzufassen.

In kleineren Gruppen werden Pain Points eher geäußert als aufgeschrieben, was zu direkten und unmoderierten Gesprächen führt, in denen die Teilnehmer einander gegenseitig Anregungen geben.

In größeren Gruppen ist die Moderation durch eine Moderation im Allgemeinen von Vorteil, um eine strukturierte Diskussion und einen effektiven Austausch von Beiträgen zu gewährleisten.

Herausforderungen

Sorgen Sie immer dafür, dass vertrauenswürdige, erfahrene Kollegen teilnehmen, die über eine Erfolgsbilanz bei der Problemlösung verfügen und Ansätze vorschlagen können, die sich in der Vergangenheit bewährt haben. Außerdem kann die Teilnahme von Personen, die für ihr gutes Urteilsvermögen oder ihre psychologischen Fähigkeiten bekannt sind, die Diskussion bereichern und die Qualität der vorgeschlagenen Lösungen verbessern.

Links/Literatur/Fälle

Mader, I. (2019) Der Werkzeugkasten des Informations- und Wissensmanagements. Excellence Edition No. 10, 2022. Excellence Research, Wien.

LEVEL	TIME	SCENARIO
★★☆ advanced	average	team

Culture Hack

Slacktime

Zusammenfassung

Wenn Routineaufgaben zu viel Zeit in Anspruch nehmen, bleibt oft wenig Zeit für die Verbesserung unserer Arbeit, das Brainstorming für Problemlösungen oder das Experimentieren mit neuen Ideen. Die Slacktime-Methode geht auf diese Herausforderung ein, indem sie Zeit für diese Aktivitäten vorsieht.

Zielsetzung

Lösungen für Probleme zu finden, die sich nicht innerhalb des bestehenden Rahmens lösen lassen, oder völlig neue Angebote zu entwickeln.

Begründung

Wenn die Mitarbeiter überlastet sind, nehmen sie sich oft nicht die Zeit, sich zusammenzusetzen, um gemeinsam Probleme zu lösen oder neue Sichtweisen zu entwickeln, die sonst nicht entstanden wären.

Beschreibung und Vorgehen

Jeden Monat oder jede Woche wird ein bestimmter Zeitraum für Slacktime vorgesehen, in dem die Mitarbeiter neue Projekte erkunden, innovative Lösungen entwickeln und mit potenziellen Ideen experimentieren können.

Slacktime fördert die selbstgesteuerte Arbeit Arbeitsplatz, die oft zu unerwarteten und wertvollen Ergebnissen führt.

Erfolgsfaktoren

- Negatives Feedback auf Ideen kann die Mitarbeiter davon abhalten, Ergebnisse mitzuteilen.
  Bitten Sie alle, ihre Beiträge nicht zu relativieren. "Das wird nie funktionieren" ist kein nützliches Feedback. Der Vorschlag kann ein Gewinner sein, auch wenn er zunächst seltsam klingt!

Voraussetzungen

Keine.

Umsetzung

Weisen Sie für Slacktime eine Zeit zu, die allen Beteiligten gerecht wird. Stellen Sie sicher, dass die Ergebnisse der Slacktime-Sitzungen an das gesamte Team weitergegeben werden (besonders aufschlussreich ist der Verweis auf den untenstehenden Fall von Atlassian).

Leitprinzipien: Die Innovationsforschung zeigt, dass es für die Wettbewerbsfähigkeit eines Unternehmens entscheidend ist, etwa 10 Prozent Arbeitszeit für Innovationen und neue Lösungen aufzuwenden.

Atlassian bietet seinen Mitarbeitern die Möglichkeit, einmal im Quartal 24 Stunden lang mit einem beliebigen Kollegen an einem Projekt ihrer Wahl zu arbeiten. Voraussetzung ist, dass die Mitarbeiter ihre Ergebnisse am Ende dieses Zeitraums dem Unternehmen in einem engagierten Meeting präsentieren. Diese Autonomie hat zu zahlreichen Verbesserungen bestehender Software und zur Entstehung neuer Produkt- und Dienstleistungsideen geführt, die sonst nicht aufgetaucht wären (Pink, 2010; Pink, 2011).

Herausforderungen

Achten Sie darauf, dass das Feedback konstruktiv ist, um die Mitarbeiter nicht zu entmutigen, ihre Erfahrungen zu teilen. Vorschläge, die zunächst unkonventionell erscheinen, können zu bedeutenden Erfolgen führen, daher ist es wichtig, sie nicht vorschnell zu verwerfen.

Teams, die mit dem Konzept "Elevator Pitch" (prägnante Kurzpräsentationen) vertraut sind, neigen dazu, besser abzuschneiden, insbesondere wenn sie in der Lage sind, vorab Feedback zu erhalten und zu integrieren. Darüber hinaus können Führungskräfte den Culture Hack **Disney Methode** nutzen, um die Bühne für Slacktime effektiv zu gestalten.

Links/Literatur/Fälle

Pink, D. (2010) RSA ANIMATE: Drive: Die überraschende Wahrheit darüber, was uns motiviert. Royal Society of the Arts (RSA), April 2010. https://youtu.be/u6XAPnuFjJc

Pink, D. (2011) Drive: Die überraschende Wahrheit darüber, was uns motiviert. Canongate: Edinburgh.

LEVEL	TIME	SCENARIO
★★☆ advanced	average	team

Culture Hack

Sparring Partner

Zusammenfassung

Führungskräfte und Experten benötigen häufig ein offenes Feedback und jemanden, mit dem sie gemeinsam über Herausforderungen nachdenken können. Idealerweise sind die Sparringspartner angesehene Personen, die oft von außerhalb des Unternehmens kommen. Eigene Team-Mitglieder sind meist keine geeigneten Sparring Partner, da sie oft vor Kritik zurückscheuen.

Zielsetzung

Verbesserung der Entscheidungsfindung und Problemlösung.

Begründung

"Wenn Führungskräfte alle Lösungen vorgeben müssen, werden wir scheitern". - Howard Sublett

Führungspersönlichkeiten und Experten erbringen oft bessere Leistungen, wenn sie gemeinsam mit jemandem, dem sie vertrauen und dessen Fachwissen sie schätzen, nach Lösungen suchen und reflektieren können.

Beschreibung und Vorgehen

Sparring Partner, wie sie Sportprofis beim Training einsetzen, sind für ein effektives Üben unerlässlich, denn sie brauchen jemanden mit vergleichbaren Fähigkeiten. Auch Führungskräfte und Experten profitieren von Sparring Partnern, die sie bei der Bewältigung von Herausforderungen und der Suche nach Lösungen unterstützen.

Erfolgsfaktoren

- Die besten Sparring Partner sind diejenigen, die von demjenigen, der einen Sparring Partner sucht, geschätzt werden, und zwar auch für das Äußern von Kritik.

Voraussetzungen

Ein Sparring Partner sollte aus freien Stücken gesucht werden; er sollte niemandem aufgezwungen werden.

Bei diesen Partnern kann es sich um interne oder externe Fachleute handeln, die von denjenigen, die sie unterstützen, geschätzt werden, was ein hohes Maß an Vertrauen und eine gut abgestimmte Partnerschaft erfordert.

Umsetzung

Einige Führungskräfte oder Experten sind in der glücklichen Lage, einen vertrauenswürdigen Sparring Partner gefunden zu haben, mit dem sie gerne zusammenarbeiten. Führungskräfte haben oft das Gefühl, dass "es an der Spitze einsam ist", weil die Mitarbeiter nur selten das für ein effektives Sparring notwendige kritische Feedback geben. Ein weiterer Grund dafür, dass Mitarbeiter nicht als Sparring Partner geeignet sind, ist das Fehlen einer ähnlichen Führungserfahrung.

Externe Sparringspartner können spezialisierte Berater oder Trainer sein. Plattformen wie https://www.coachdb.com/ erleichtern die Suche nach Sparring Partnern auf der Grundlage von Führungserfahrung, Branche, Jahren der Erfahrung, Sprachkenntnissen und Standort. Sparring Partner können auch Kollegen innerhalb desselben Unternehmens sein, z. B. Personalleiter in verschiedenen Regionen. In allen Fällen ist Vertrauen unerlässlich. Die Person, die einen Sparringspartner sucht, muss jemanden auswählen, mit dem sie gerne zusammenarbeitet und mit dem sie ohne Zögern halbfertige Ideen austauschen kann.

Sparring Partner helfen bei der Vorbereitung anspruchsvoller Präsentationen, bei der Suche nach Lösungen durch Diskussionen und bei schwierigen Herausforderungen, bei der Vermittlung wertvoller Einblicke, beim Perspektivenwechsel und vielem mehr.

Herausforderungen

Die Grundvoraussetzung für ein effektives Sparring ist die Bereitschaft, sich verletzlich zu zeigen. Das ist etwas, das vor eigenen Mitarbeitern oft fehlt. Die Fähigkeit, Selbstzweifel zu zeigen, Feedback und Vorschläge anzunehmen und eine echte Bereitschaft zum Lernen zu haben, sind Eigenschaften, die die Effektivität des Sparrings erhöhen.

Eine wichtige Eigenschaft eines guten Sparring Partners ist die Fähigkeit, mit Respekt und Takt kritische Punkte anzusprechen.

Links/Literatur/Fälle

O'Neill, M.B.A. (2007) Executive Coaching with Backbone and Heart: Ein systemischer Ansatz zur Auseinandersetzung von Führungskräften mit ihren Herausforderungen. 2. Auflage. Wiley: San Francisco.

Larcker, D. et al. (2013) Executive Coaching Survey. The Miles Group und Stanford University August 2013. https://www.gsb.stanford.edu/faculty-research/publications/2013-executive-coaching-survey

LEVEL	TIME	SCENARIO
★☆☆ easy	quick	team

Culture Hack

Speed Dating

Zusammenfassung

Gemeinsamkeiten zwischen Menschen fördern den Zusammenhalt und die Bindung innerhalb eines Teams. Speed-Dating ist ein schnelles Format, bei dem sich die Teilnehmer einzeln treffen, um sich gegenseitig kennenzulernen. Dieses Format ist besonders vorteilhaft in Situationen, in denen viele Teammitglieder neu sind oder wenn der Zusammenhalt generell gering ist.

Zielsetzung

Stärkung des Teamzusammenhalts und Förderung des Vertrauens im Team.

Begründung

Manche Teams arbeiten formell zusammen, ohne dass das Vertrauen zwischen den Mitgliedern groß ist. Speed-Dating könnte die Gelegenheit sein, Vertrauen und Teamgeist zu fördern.

Beschreibung und Vorgehen

Die Teammitglieder versammeln sich in einem Raum und stellen sich in einem Stuhlkreis auf. Jedes Mitglied sitzt einem anderen Teammitglied gegenüber, und es findet ein zweiminütiges Gespräch statt. Eine Glocke signalisiert das Ende jeder Runde, woraufhin ein Kreis einen Stuhl weiterrückt, um mit der nächsten Person zu sprechen. Dies wird so lange fortgesetzt, bis jeder mit jedem gesprochen hat.

Erfolgsfaktoren

- 1:1-Gespräche sind für Extrovertierte und Introvertierte geeignet. Extrovertierte fühlen sich wohl, wenn sie ihre Erfahrungen oder Ansichten teilen.
- Introvertierte bevorzugen Einzelgespräche, um ihre Erkenntnisse weiterzugeben. Der Beitrag von Introvertierten kommt in Einzelgesprächen besser zur Geltung.

Voraussetzungen

Keine.

Planen Sie alle halbe Stunde eine Pause ein oder beschränken Sie die Anzahl der Gespräche auf 10 bis 12, um kognitive Überlastung zu vermeiden.

Speed-Dating kann als Eisbrecher für Workshops dienen, in denen sich die Teilnehmer noch nicht kennen, oder als eigenständige Aktivität, um das Kennenlernen der Teammitglieder zu fördern.

Umsetzung

Richten Sie den Raum so ein, dass sich die Stühle gegenüberstehen, entweder in einem kleineren Kreis oder in zwei Reihen. Die Teilnehmer nehmen Platz und führen ein zweiminütiges Gespräch, um gemeinsame Interessen zu entdecken. Jeder Teilnehmer schreibt seinen Namen und die gemeinsamen Interessen auf eine Karte, die später an eine Tafel geheftet wird, um sie informell zu überprüfen und zu diskutieren, nachdem alle miteinander gesprochen haben oder nach maximal 10 bis 12 Gesprächen.

Bei größeren Teams, die das Gesprächslimit überschreiten, sollten Sie überlegen, ob Sie das Format an einem anderen Tag oder später am Nachmittag des Workshoptages wiederholen oder fortsetzen.

Herausforderungen

Wenn es innerhalb der Organisation Vertrauensprobleme gibt, die auf frühere negative Einflüsse wie den Missbrauch persönlicher Informationen oder interne Streitigkeiten zwischen den Teammitgliedern zurückzuführen sind, kann es hilfreich sein, ein wettbewerbsorientiertes Umfeld zu meiden. Entscheiden Sie sich stattdessen für Methoden, bei denen die Weitergabe persönlicher Informationen nicht erforderlich ist, insbesondere in der Anfangsphase des kulturellen Wandels.

Links/Literatur/Fälle

Mader, I. (2019) Der Werkzeugkasten des Informations- und Wissensmanagements. Excellence Edition No. 10, 2022. Excellence Research, Wien.

LEVEL	TIME	SCENARIO
★☆☆ easy	quick	team

Culture Hack

Spice Girls Approach

Zusammenfassung

In Anlehnung an "Tell me what you want, what you really, really want" von den Spice Girls fragen wir nach den wahren Bedürfnissen im Arbeitskontext. Auf diese Weise können wir Themen ansprechen, die andernfalls weiterhin Probleme verursachen würden, wenn sie nie aufgedeckt würden.

Zielsetzung

Entdecken Sie Probleme, die normalerweise unentdeckt bleiben, und finden Sie Lösungen.

Begründung

Aus Taktgefühl oder um Konflikte zu vermeiden, ziehen es die Mitarbeiter vielleicht vor, Probleme für sich zu behalten, auch wenn sie sich noch so sehr belästigt fühlen. Im schlimmsten Fall kündigen sie innerlich oder verlassen das Unternehmen. Jedenfalls versäumen wir eine Chance, Missstände zu beheben und als Organisation besser zu werden.

Beschreibung und Vorgehen

Der Spice-Girls-Ansatz kann jederzeit, während einer Sitzung oder in einem 1:1-Gespräch, als Erinnerung daran verwendet werden, mitzuteilen, was wir wirklich meinen oder wollen. Voraussetzung ist, dass die Offenheit mit der Bereitschaft einhergeht, zu verstehen, zu ändern, zu diskutieren usw. In jedem Fall sollten alle mit Respekt

Erfolgsfaktoren

- Welcher Wunsch oder welches Anliegen auch immer über den Spice-Girls-Ansatz geäußert werden mag: Anstand und Korrektheit müssen die Grundregel sein.

Voraussetzungen

Keine.

und Anstand behandelt werden. Dies sollte die Grundregel sein, die jeder kennt, bevor der Spice-Girls-Ansatz eingeführt wird.

Umsetzung

Führen Sie das Konzept und die dazugehörigen Regeln in Ihrem Team oder gegebenenfalls im gesamten Unternehmen ein. Zu den Grundregeln gehört, dass jedes geäußerte Anliegen oder jede Aussage mit Respekt und Anstand behandelt wird.

In Sitzungen kann ein Mikrofon (das nicht unbedingt angeschlossen sein muss) aufgestellt werden und jedem Teilnehmer, der ein Anliegen zu haben scheint, gereicht werden. Alternativ können Manager eine "Spice-Girls-Session" einberufen, wenn sie den Eindruck haben, dass etwas zurückgehalten wird.

Was auch immer geäußert wird, sollte besonnen diskutiert werden und konstruktiv zu einer Lösung geführt werden, mit der alle leben können. Was für den einen ein großes Problem ist, kann für den anderen eine einfache Lösung sein - wenn man es nur wüsste! Lassen Sie uns also miteinander reden und das Büro zu einem Ort des Vertrauens und des Respekts machen.

Herausforderungen

Vermeiden Sie den Reflex, zu sagen: "Ach, das ist doch kein Problem!" Wenn eine Sorge geäußert wird, ist sie ein Problem für die Person, die sie geäußert hat. Bedenken müssen mit Respekt behandelt werden; andernfalls kann jede Intervention ins Auge gehen und eine toxische Atmosphäre schaffen - das genaue Gegenteil des beabsichtigten Ergebnisses.

Alle Beteiligten sollten auf der gleichen Seite stehen.

Links/Literatur/Fälle

Grundy, T., Brown, L. (2004) Ultimate Book of Business Skills: Die 100 wichtigsten Techniken, um im Geschäftsleben erfolgreich zu sein. John Wiley &Sons.

LEVEL	TIME	SCENARIO
★☆☆ easy	quick	team

Culture Hack

Stand-Ups

Zusammenfassung

Bei Stand-Ups handelt es sich um häufige kurze Treffen, die darauf abzielen, die notwendigen Informationen auszutauschen, aber nicht zu viel Zeit in Anspruch zu nehmen. Die Teilnehmer stehen während des Meetings (daher der Name), um es sich nicht zu bequem zu machen. In der Regel werden Stand-Ups als erstes am Morgen abgehalten.

Zielsetzung

Alle sind jeden Tag auf derselben Seite, und der Zeitaufwand ist minimal.

Begründung

Sparen Sie Zeit und verbessern Sie gleichzeitig den Informationsstand aller Beteiligten. Wenn man alle wichtigen Informationen verschickt, ertrinkt man in der Informationsflut und verlangsamt die Organisation, ohne dass dies gleichzeitig zu einem insgesamt besseren Informationsstand beiträgt. Achten wir stattdessen darauf, dass jeder das Wesentliche mitteilt, und trainieren, wie wir schnell auf den Punkt kommen.

Beschreibung und Vorgehen

Jeden Morgen (oder zu einem anderen geeigneten Zeitpunkt) oder einmal pro Woche findet ein Stand-up-Meeting statt, bei dem alle Teammitglieder über ihre aktuelle Arbeit und/oder über gewünschte Verbesserungen

Erfolgsfaktoren

- Erwägen Sie, andere Sitzungen zu verkürzen oder abzusagen.
- Es gibt den Bedarf an schnellen Informationen und den Bedarf an tiefgehenden Gesprächen. Nehmen Sie sich Zeit für beides und kennen Sie den Unterschied.

Voraussetzungen

Keine.

berichten aus ihrem Zuständigkeitsbereich. Die Sitzungen sind sehr kurz; die Berichte und Diskussionen werden auf der Ebene der Handlungsfähigkeit gehalten. In der Regel dauern solche Sitzungen insgesamt 15 Minuten, plus/minus 5 Minuten.

Ein ähnlicher Hack ist der **Daily**.

Auf tiefgehende Gespräche sollte jedoch nicht verzichtet werden: Stand-Ups tragen dazu bei, Zeit zu sparen, die dann für wichtige tiefgehende Gespräche genutzt werden kann, die wir natürlich auch brauchen.

Umsetzung

Normalerweise dauern Stand-Ups insgesamt 15 Minuten, plus/minus 5 Minuten. Während der Stand-Ups werden Entscheidungen getroffen, und die Teammitglieder setzen die Beschlüsse (gemeinsam) um.

Über Korrekturen und Fortschritte wird bei der nächsten Sitzung berichtet.

Ziehen Sie in Erwägung, andere Besprechungen zu ersetzen oder zu verkürzen und andere Besprechungsformate zu wählen, um jene tiefgründigen Gespräche zu führen, für die Sie sich Zeit nehmen möchten. Stand-Ups sollten die Gesamtzeit, die in Besprechungen verbracht wird, stark verringern oder zumindest die Zeit aller Beteiligten so produktiv wie möglich nutzen.

Um regelmäßige Sitzungen produktiver zu gestalten, lesen Sie bitte den Culture Hack **Produktive Meetings.**

Herausforderungen

Kürze ist kein Wert an sich; sie darf vor allem nicht auf Kosten der Relevanz gehen: Die Notwendigkeit, sich kurz zu fassen, kann dazu führen, dass wichtige Informationen ausgelassen werden. Weisen Sie alle darauf hin, zwischen Dringlichkeit und Wichtigkeit zu unterscheiden und dafür zu sorgen, dass wichtige Gespräche trotzdem geführt werden können. Die Zeit für die wichtigen Gespräche kann durch die Zeitersparnis entstehen, die durch die Beseitigung des Blablas in den regulären Sitzungen entsteht. Es ist nicht einfach, den Unterschied zu erkennen und zu verstehen: Wir alle müssen besser darin werden, unsere Zeit bestmöglich einzusetzen.

Links/Literatur/Fälle

Imai, M. (1986) Kaizen: The Key to Japan's Competitive Success. McGraw Hill Education. New York.

Meyers, M. et al. (2021) Lean Leadership BASICS: Wie man Führungskräfte entwickelt und befähigt, kontinuierliche Verbesserungen zu erzielen. Routledge. New York.

LEVEL	TIME	SCENARIO
★★☆ advanced	quick	team

Culture Hack

Storytelling

Zusammenfassung

Geschichten vermitteln Informationen, Inhalte, Werte, Ziele und Inspiration, wenn sie gut gemacht sind. Auch Inhalte bleiben eher im Gedächtnis, wenn sie in Form einer Erzählung dargeboten werden. Wenn Sie wollen, dass man sich an Ihre Inhalte erinnert: Erzählen Sie eine Geschichte.

Zielsetzung

Dieses Format wird verwendet, um Informationen zu erstellen, die den heutigen zeitlichen Anforderungen entsprechen und die Kernbedürfnisse der Kunden und Zielgruppen ansprechen.

Begründung

Die Inhalte bleiben besser im Gedächtnis, und es lassen sich viel leichter Schlüsse ziehen als bei der reinen Theorie.

Beschreibung und Vorgehen

Storytelling nutzt die Erkenntnisse der Forschung zum menschlichen Lernen, indem es Inhalte in Form von Geschichten vermittelt. Auch die Wissensvermittlung erreicht mit Storytelling eine bessere Aufmerksamkeit und Wirkung als mit theoretischen Texten.

Umsetzung

Im Idealfall erzählen Sie eine Geschichte, die Sie selbst erlebt haben.

Erfolgsfaktoren

- Seien Sie authentisch: Im Idealfall erzählen Sie eine Geschichte aus Ihren eigenen Erfahrungen, etwas, das Sie erlebt haben usw.
- Sprechen Sie von Archetypen statt von Stereotypen. Archetypen sind z. B. ein Held, eine Retterin usw.

Voraussetzungen

Keine.

Storytelling kann an vielen Orten eingesetzt werden: in Sitzungen, Gesprächen, auf Websites, in Intranets, Blogs, Nachrichtenartikeln, Newslettern, Vorträgen, E-Mails, Workshops, Seminaren usw.

Hier ist ein Beispiel für eine Geschichte, in der jemand eine Geschichte erzählt:

Der Direktor eines internationalen Konzerns wurde von einer Gruppe Trainees für das Intranet über die neue Konzern-Strategie befragt. Sie sprachen ihn nach einem Benefiz-Fußballspiel an, das die Führungskräfte gegen Journalisten ausgetragen hatten, um mit Eintrittskarten und Sponsoren Geld für einen guten Zweck zu sammeln. Sie fragten ihn: "Können Sie uns sagen, was es mit der neuen Strategie auf sich hat?" Er antwortete: "Sicher. Unsere neue Strategie ist wie eine Fußballmannschaft und wie ein Fußballspiel: Wir müssen zusammenarbeiten und uns gegenseitig den Ball zuspielen, um zu gewinnen." Der informelle Videostil bei einem Fußballmatch wurde zusammen mit der leidenschaftlichen Botschaft zum meistgesehenen Video im firmeneigenen Netz. Und dort hatte er auch den Trainees den Ball zugespielt, damit sie ihren Erfolg vor aller Augen haben konnten: Er lobte sie in seinem nächsten Blogbeitrag für ihre Reichweite, die gute Idee und zeitgemäße Umsetzung.

Herausforderungen

Geschichten vermitteln viel mehr als das, was tatsächlich gesagt wird. Vergewissern Sie sich, dass Sie das Richtige vermitteln. Vielleicht möchten Sie Ihre Geschichte vorher mit freundlichen Zuhörern testen.

Links/Literatur/Fälle

Khan Academy (2017) Pixar in a Box: Introduction to Storytelling. https://youtu.be/1rMnzNZkIX0

LEVEL	TIME	SCENARIO
★☆☆ easy	quick	team

Culture Hack

Tackle Day

Zusammenfassung

Tackle Days helfen den Teams bei der Bewältigung von Rückständen bei kritischen Aufgaben, die zeitaufwändig sind oder fortlaufend erledigt werden müssen, z. B. bei der Dokumentation. Die Teams widmen einen oder zwei Tage pro Monat ausschließlich diesen Aufgaben und stellen sicher, dass sie die notwendige Aufmerksamkeit erhalten.

Zielsetzung

Vorantreiben kritischer Themen, die aufgrund dringender täglicher Verpflichtungen oft aufgeschoben werden.

Begründung

Die Leistungsmessung mit Indikatoren führt oft dazu, dass wichtige langfristige Aufgaben zurückbleiben oder aufgeschoben werden. Auch wichtige Aufgaben, die ständig anstehen, leiden oft unter mangelnder Aufmerksamkeit (z.B. Dokumentation). Mit einer bestimmten Zeit, die für die Arbeit an diesen Angelegenheiten vorgesehen ist, können wichtige langfristige Themen vorangebracht werden.

Beschreibung und Vorgehen

Tackle Days sind kollektive Bemühungen, die darauf abzielen, bestimmte langfristige oder anhaltende kritische Probleme anzugehen, die über die normalen täglichen Aufgaben hinaus nachhaltige Aufmerksamkeit und Zeitaufwand erfordern.

Erfolgsfaktoren

- Besprechen Sie die Gründe für diese Methode mit Mitarbeitern und einigen Sie sich auf einen Weg der Umsetzung, den das Team für sinnvoll hält.

Voraussetzungen

Vergewissern Sie sich, dass Ihr KPI-System nicht dazu führt, dass Zeit für andere Dinge als das Erreichen von Leistungszielen verloren geht.

Um die Teams zu ermutigen, sich intensiv mit diesen langfristigen Projekten zu befassen, werden bei den Tackle Days spezielle, im Voraus vereinbarte Zeitfenster zugewiesen.

Diese konsequente Arbeit über einen längeren Zeitraum hinweg sorgt für eine erhebliche Dynamik und trägt durch das Erreichen wichtiger Meilensteine zur Motivation des Teams bei.

Umsetzung

Ermitteln Sie gemeinsam mit dem Team wichtige Aufgaben, die aufgrund von unmittelbaren Prioritäten oft aufgeschoben werden. Dazu können laufende Verpflichtungen wie die Aktualisierung der Dokumentation oder langfristige Projekte gehören, die viel Zeit und Mühe erfordern.

Vereinbaren Sie anschließend Zeitfenster für die Bearbeitung dieser Aufgaben. In der Regel hat es sich bewährt, alle zwei bis vier Wochen einen halben Tag dafür einzuplanen. Diese Zeit kann genutzt werden, um verschiedene Aspekte im Zusammenhang mit den ermittelten Aufgaben zu behandeln. Wenn ein Teammitglied aufgrund anderer Verpflichtungen nicht teilnehmen kann, sollte es das gleiche Zeitfenster an einem anderen Tag reservieren.

Sorgen Sie für förderliche Bedingungen: ununterbrochene Konzentration, eine ruhige Umgebung und, falls erforderlich, einen Workshop-Raum für Diskussionen.

Idealerweise berichten die Teammitglieder am Ende jeder Session kurz über ihre Fortschritte. Bei kleinen Teams reicht ein kurzes 15-minütiges **Stand-up** Meeting (siehe auch den Eintrag zu diesem Format) aus. Bei größeren Projekten, an denen die gesamte Organisation beteiligt ist, können spezielle Online-Kollaborationstools eingesetzt werden, wobei die Berichte kurzgehalten werden, allenfalls in einem 3-Wort-Rap (z.B. Projektabschluss – Neukunde – Förderzusage).

Um das Engagement und die Fortschrittsverfolgung zu verbessern, können Sie die Gesamtzeit tracken und Monats- oder Jahresgewinner ausrufen.

To Do	Who?	Total time needed	% completed	DONE	Week 1	current: Week 3	Week 5	Week 7	Week 9	Week 11	projected total	behind on goal
Doing 1	Paul	20	40%	8	4	4	4	4	4		20	0
Doing 2	Tina	10	30%	3	1	2	2	2	1	2	10	0
Doing 3	PMO	20	0%	0	0	0	4	4	4	4	16	-4
Doing 4	Security Team	10	10%	1	0	1	2	2	2	2	9	-1
Doing 5	Dev	12	67%	8	4	4	0	0	0	0	8	-4

not started
in progress
completed

Vorlage für den Tackle Day Tracker

- eines von vielen möglichen Beispielen

Herausforderungen

Mitarbeiter, die strukturell überlastet sind und anhand von Kennzahlen bewertet werden, die ihre volle Aufmerksamkeit erfordern, neigen dazu, Aufgaben zu priorisieren, die sicherstellen, dass sie ihre Leistungsziele erreichen. Dies gilt insbesondere dann, wenn ihr Gehalt oder ihre Boni von der Erreichung dieser Ziele abhängen.

Links/Literatur/Fälle

Boyes, A. (2018) How to Focus on What's Important, Not Just What's Urgent. Harvard Busi- ness Review, 3. Juli 2018.

https://hbr.org/2018/07/how-to-focus-on-whats-important-not-just-whats-urgent

LEVEL	TIME	SCENARIO
★☆☆ easy	average	group(s)

Culture Hack

Thanksgiving

Zusammenfassung

Thanksgiving ist eine Methode, um Feedback in Richtung Wertschätzung zu lenken und es als Grundlage für gemeinsame Verbesserungsmaßnahmen zu nutzen. Es geht darum, individuelle Stärken zu erkennen und zu würdigen und gleichzeitig erwünschtes Verhalten zu bestärken.

Zielsetzung

Jeder wird für seine Stärken gewürdigt und ermutigt, mehr von jenen Dingen zu tun, die besonders gut ankommen.

Begründung

Indem wir die Stärken stärken und gleichzeitig die Selbstreflexion fördern, wollen wir die Gesamtergebnisse verbessern.

Beschreibung und Vorgehen

Thanksgiving ist eine Teamsitzung, die am Ende eines Projekts abgehalten wird, um Dankbarkeit auszudrücken, besondere Beiträge und Talente der Kollegen zu würdigen und eine konstruktive Selbstreflexion zu fördern. Während dieser Sitzung erhält jedes Teammitglied Anerkennung für den persönlichen Beitrag und besondere Leistungen. Oftmals ist Menschen nicht bewusst, dass etwas, das sie fast beiläufig tun, besonders wertvoll für andere oder die Organisation ist. Thanksgiving lenkt die Aufmerksamkeit auch darauf.

Erfolgsfaktoren

- Sicherstellen, dass es sich bei positiven Rückmeldungen nicht um eine verdeckte Form der negativen Rückmeldung in freundlichem Gewand handelt.

Voraussetzungen

Keine.

Umsetzung

Berufen Sie am Ende Projekts ein Thanksgiving-Meeting ein und bereiten Sie mehrere Pinnwände vor, damit alle Teammitglieder genügend Platz haben, um ihre Dankesbekundungen zu pinnen.

Bitten Sie jedes Teammitglied, auf eine Moderationskarte zu schreiben, was es an den anderen Teammitgliedern schätzt. Es ist wichtig, dass jede Person ihr Feedback mit ihrem Namen unterschreibt, um Transparenz und Authentizität zu gewährleisten. Nicht unterschriebene Beiträge werden nicht berücksichtigt und werden entfernt.

Heften Sie die Karten nach dem Ausfüllen die Wand. Lesen Sie während der alle laut vor. Ziehen Sie einen Applaus als Geste der Wertschätzung in Betracht.

Herausforderungen

Sprechen Sie mit dem Team über die Möglichkeit versteckter Kritik, die als freundlicher Hinweis getarnt ist, und über die Gefahr, dass echte Worte der Wertschätzung als verschleierte Kritik missverstanden werden. Besprechen Sie mit dem Team Strategien, um solche Missverständnisse zu vermeiden.

LEVEL	TIME	SCENARIO
★☆☆ easy	quick	team

Culture Hack

The Elephant in the Room

Zusammenfassung

Dieses Format hilft einem Team, grundlegende Probleme anzusprechen, die jeder spürt, aber nicht offen ansprechen will. Der "Elefant im Raum"-Ansatz geht diese Herausforderung auf unbeschwerte Weise an und ermutigt alle Teammitglieder zur Teilnahme, ohne sie zu zwingen.

Zielsetzung

Wichtige Themen aufzeigen, die oft übersehen oder vermieden werden.

Begründung

Ungelöste Probleme behindern den Fortschritt und können eine fruchtbare Zusammenarbeit im Team behindern.

Beschreibung und Vorgehen

Das Format "Elefant im Raum" kann von den Teams unabhängig voneinander übernommen oder als fortlaufende Funktion verwendet werden, die jeder bei Bedarf während einer Besprechung einführen kann.

Ihr Zweck ist es, Probleme, die sonst den Fortschritt des Teams behindern könnten, vorzubringen und zu lösen.

Umsetzung

Besprechen Sie die Idee des Formats mit Ihrem Team und wählen Sie einen kleinen, lustigen Gegenstand, der "das Thema" symbolisiert.

Erfolgsfaktoren

- Wenn Sie sich nicht sicher sind, ob das Format gut ankommt, sollten Sie es zunächst in einem persönlichen Gespräch ausprobieren.

Voraussetzungen

Keine.

Das kann etwas Einfaches sein wie ein kleiner Softball, ein ausgestopftes Tier oder sogar ein ausgestopfter Elefant.

So kommt der Elefant in den Raum - buchstäblich! Ihr Elefant kann jetzt auf dem Besprechungstisch sitzen. Wann immer jemand ein unausgesprochenes Problem sieht, das angesprochen werden muss, kann er den Elefanten (oder einen anderen Gegenstand seiner Wahl) aufheben und ihn der Person zuwerfen, von der er glaubt, dass sie es lösen kann.

Dies kann den Sitzungen ein unterhaltsames Element hinzufügen, Spaß anregen und eine reservierte Atmosphäre in eine spielerische und unterstützende Atmosphäre verwandeln. Führen Sie Ihren "Elefanten" als neuen Helden Sitzungen ein, der hilft, Missverständnisse zu klären und die Einheit des Teams zu fördern.

Ist Ihr Elefant vielleicht gerade ein beliebtes neues Teammitglied geworden? Auf jeden Fall! ☺

Herausforderungen

Beurteilen Sie die Gesamtsituation und ob das Team eine solche Intervention verträgt.

Links/Literatur/Fälle

Mader, I. (2019) Der Werkzeugkasten des Informations- und Wissensmanagements. Excellence Edition No. 10, 2022. Excellence Research, Wien.

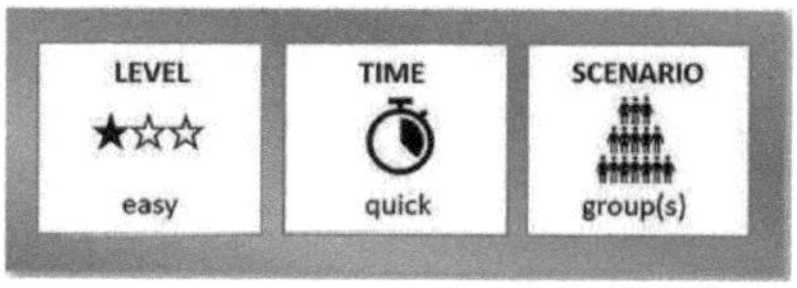

Culture Hack

Trade Offs

Zusammenfassung

Überlastung! Weg mit den Werkzeugen, den Regeln und den zwei Zeilen in dieser Zusammenfassung. ☺

Zielsetzung

Unterm Strich: Schaffen Sie Zeit!

Begründung

Wir überfrachten Organisationen oft mit unnötiger Bürokratie und einer wachsenden Zahl von Instrumenten. Lassen Sie uns das Unnötige streichen.

Beschreibung und Vorgehen

Sie sind überlastet mit Tools und Methoden? Arbeiten Sie zusammen, um Ihren Ansatz zu straffen - entscheiden Sie, was Sie behalten, wegwerfen oder neu machen wollen, um alles zu vereinfachen. Werden Sie jetzt aktiv!

Umsetzung

Bürokratie entsteht durch Regeln. Ursprünglich waren Regeln strukturgebend und qualitätssichernd, doch haben wir diesen Break-Even inzwischen weit überschritten. Heute sind Regelwerke – ob öffentlich oder hausgemacht – so komplex, dass sie allein für ihre Einhaltung zusätzliches, nicht wertschöpfendes Personal erfordern oder von den eigentlichen Aufgaben ablenken.

Erfolgsfaktoren

- Machen Sie es kurz!

Voraussetzungen

Keine.

Das Anwachsen von Regeln zu verhindern, ist die heilige Pflicht der Führung (Mader, 2022; vgl. Parkinson, 2011).

Herausforderungen

Kürze darf kein Selbstzweck sein.

Links/Literatur/Fälle

Parkinson, C.N. (2011) Parkinson's Law and other studies in administration. Infinite Ideas: Oxford.
Mader, I. (2022) We Met the Performance Thief. It is Us. https://www.druckerforum.org/blog/ we- met-the-performance-thief-it-is-us-by-isabella-mader/

LEVEL	TIME	SCENARIO
★☆☆ easy	quick	group(s)

Culture Hack

Visual Essentials

Zusammenfassung

Kurz gesagt: "Company Essentials Meet Information Design". Diese Formulierung unterstreicht den Schnittpunkt, an dem wesentliche Kulturelemente durch Informationsdesign visuell dargestellt werden, und zwar in Form von Bildern in Gängen, Besprechungsräumen und offenen Räumen.

Zielsetzung

Setzen Sie Erinnerungshilfen ein, um die Übernahme von Werten zu fördern.

Begründung

Nutzung des Verfügbarkeitsbias (wir nehmen an, dass Dinge, die wir öfter sehen oder hören, tatsächlich häufiger vorkommen) zur Verankerung von Botschaften und Werten.

Beschreibung und Vorgehen

Verbessern Sie die Sichtbarkeit des Unternehmens und der kulturellen Werte durch Displays.

Umsetzung

Vereinbarte Werte und Normen werden im Einklang mit dem Corporate Style gestaltet und an geeigneter Stelle ausgehängt. Siehe auch die Infografik zum Culture Hack **Meeting Rules.**

Erfolgsfaktoren

- Führungskräfte prägen die Kultur, indem sie sie vorleben.

Voraussetzungen

Keine.

Herausforderungen

Werteplakate (und die Werte selbst) sollten nicht im Widerspruch zu aktuellen Praktiken stehen!

Links/Literatur/Fälle

Case, M. (2018) Was macht das #CitrixLife so besonders? Our Values. CITRIX Blog. https://www.citrix.com/blogs/2016/10/25/what-makes-citrixlife-so-special-our-values

LEVEL	TIME	SCENARIO
★☆☆ easy	quick	team

Culture Hack

Walking Meetings

Zusammenfassung

Warum die ganze Zeit in Meetings sitzen? Wenn es keine Präsentation oder Papierkram gibt und Sie nur diskutieren oder ein Brainstorming machen, gehen Sie gemeinsam spazieren. Walking Meetings bieten viele Vorteile und können auch für Telefonate und Videokonferenzen genutzt werden!

Zielsetzung

Ermutigen Sie zu einem gesunden Lebensstil, fördern Sie die Zusammenarbeit, und lassen Sie sich durch einen Tapetenwechsel zu neuen Ideen inspirieren.

Begründung

Büroarbeit trägt im Allgemeinen zu einer sitzenden Lebensweise bei. Dieser Effekt wird während der Arbeitszeit oder bei viel Homeoffice meist noch verstärkt, da dadurch die körperliche Aktivität, die normalerweise mit dem Pendeln verbunden ist, wegfällt. Geben wir der Bewegung den Vorrang!

Beschreibung und Vorgehen

Wenn das Pendeln ohne Ausgleich durch andere Formen der Bewegung entfällt, kann es zu verschiedenen negativen Auswirkungen auf die körperliche und geistige Gesundheit führen, darunter Gewichtszunahme, Herz-Kreislauf-Probleme und Depressionen.

Besprechungen, die sich auf Diskussionen und nicht auf Präsentationen konzentrieren, können jederzeit im Gehen stattfinden. In einigen Fällen können sogar Videokonferenzen

Erfolgsfaktoren

- Ideal für zwei oder drei Personen geeignet.

Voraussetzungen

Keine.

als Walking Meetings abgehalten werden, wenn Selfie-Sticks verwendet werden, die inspirierende Ausblicke auf nahe gelegene Parks ermöglichen oder freundliche Begegnungen mit vorbeilaufenden Hunden zeigen. Auch Telefongespräche können mit Kopfhörern während eines Spaziergangs geführt werden.

Suchen und organisieren Sie Gelegenheiten zur Bewegung! Diese Initiative wird nicht nur einen gesünderen Lebensstil fördern, sondern auch neue Perspektiven eröffnen und neue Gespräche anregen.

Umsetzung

Besprechen Sie mit Ihrem Team, welche Sitzungen sich für Walking Meetings eignen könnten, und machen Sie es einfach!

Walking Meeting Plus: mit Fitness kombinieren!

In den letzten Jahren haben sich neue Fitness-Trends entwickelt. Ein Walking Meeting und danach noch ein Workout. Warum nicht? Professionelle Trainer bieten das ganze Jahr über Einzel- oder Gruppentrainings im Freien an, die eine Vielzahl von Aktivitäten umfassen. Dazu gehören einfache Workouts mit Körpergewichtsübungen, Laufgruppen, die auf unterschiedliche Fitnessniveaus zugeschnitten sind, und maßgeschneiderte Trainingspläne für Einzelpersonen oder Gruppen. **Beispiele:** www. outdoorfit.de, www.fitbrit.at.

Herausforderungen

Berücksichtigen Sie die gesundheitlichen Probleme einzelner, die ihre Teilnahme verhindern könnten (z. B. Allergien gegen bestimmte saisonale Bedingungen).

Links/Literatur/Fälle

Mader, I. (2023) Wissensmanagement erfolgreich umsetzen. Praxisleitfaden mit Self-Check, Toolselektionshilfe und Toolbox. ISO 9001:2015 konform. Springer Gabler: Wiesbaden.

LEVEL ★★☆ advanced | TIME average | SCENARIO team

Culture Hack

Why Talk

Zusammenfassung

Wenn wir den Sinn und Zweck unserer Arbeit aus den Augen verlieren, sinkt die Motivation tendenziell. Motivation kann zwar nicht von außen erzeugt werden, aber wir finden sie oft in uns selbst, wenn wir verstehen, warum unsere Arbeit für uns persönlich von Bedeutung ist und mit unserem allgemeinen Auftrag übereinstimmt.

Zielsetzung

Verstärkung des Engagements, Förderung des Zusammenhalts und Neuausrichtung auf den Zweck unserer Arbeit.

Begründung

Wenn Motivation und Engagement nachlassen, oder um uns stärker auf den Zweck unserer Arbeit zu konzentrieren und eine stärkere Bindung an eine gemeinsame Mission zu fördern.

Beschreibung und Vorgehen

Der Why-Talk ist ein strukturiertes 3-Schritte- Format, das Einzelpersonen und Teams dabei helfen soll, sich an ihren Zweck zu erinnern oder diesen (neu) zu definieren. Dabei kann es um den Zweck der Arbeit gehen, und wie diese mit der Mission des Unternehmens zusammenhängt. Nach der Klärung des Zwecks erleichtert das Format die Diskussion über Verbesserungen, um den Beitrag aller zur Erfüllung des identifizierten Auftrags und Zwecks zu verbessern.

Erfolgsfaktoren

- Besinnen Sie sich auf den ursprünglichen Zweck, den die Unternehmensgründer anstrebten.
- Weisen Sie mehrere Räume für Gruppendiskussionen oder den Austausch unter vier Augen zu.

Voraussetzungen

Generell konstruktiver Teamgeist. Wenn ein Team an einem Punkt angelangt ist, an dem es eine Mediation benötigt, ist es nicht ratsam, in eine "Why Talk"-Diskussion einzusteigen.

Umsetzung

1. Ein Team trifft sich, um die folgenden zwei Fragen zu beantworten: Warum bin ich hier? Warum bin ich nicht anderswo? Die Sitzung sollte von einem erfahrenen Moderator geleitet werden, der sich nicht zu sehr einmischt, aber weiß, wie man eine Diskussion positiv anstößt.

2. Einige Zeit später, z. B. einen Tag später oder eine oder zwei Wochen oder einen Monat später, trifft sich dasselbe Team (und die Moderation), um die Frage zu beantworten, warum ihre Abteilung (oder ihr Team oder eine andere entsprechende Einheit) existiert und auf welche Weise sie zum Gesamterfolg des Unternehmens beiträgt.

3. Bei der dritten Sitzung (einen weiteren Tag später oder eine oder zwei Wochen oder einen Monat später) werden die notwendigen Verbesserungen besprochen. Fragen, die erörtert werden sollten, sind: Müssen wir Aufgaben erledigen, die für das Unternehmen oder seine Kunden nicht nützlich sind? Können wir diese Aufgaben so umdefinieren, dass sie für das Unternehmen und/oder seine Kunden nützlicher sind? Wie müssen diese Änderungen vorgenommen oder ausgehandelt werden, und wer wird sich um diese Verhandlungen kümmern? usw.

Der dritte Abschnitt kann wiederholt und nach einiger Zeit vielleicht sogar in andere regelmäßige Sitzungen aufgenommen werden. Auf diese Weise können notwendige Verbesserungen in Bezug auf den Fokus und die Mission laufend berücksichtigt werden, wobei eine kontinuierliche Neuausrichtung auf Zweck, Mission und Wertschöpfung erfolgt.

Herausforderungen

Berücksichtigen Sie die unterschiedlichen Talente in Ihrem Team: Extrovertierte Mitarbeiter arbeiten am besten in größeren Gruppen, in denen sie sich offen austauschen können, während Introvertierte oft am besten arbeiten, wenn sie nur mit einer anderen Person zusammen sind, was eine tiefere Betrachtung und Reflexion ermöglicht.

Links/Literatur/Fälle

Pink, D. (2010) RSA ANIMATE: Drive: The Surprising Truth About What Really Motivates Us. Royal Society of the Arts (RSA), April 2010. https://youtu.be/u6XAPnuFjJc

Pink, D. (2011) Drive: The Surprising Truth About What Really Motivates Us. Canongate: Edinburgh.

Koolhof, K. (2021) Introvert leiderschap: De stille kracht van de introverte leider (Englische Version: Introverted Leadership: Thriving as a quiet leader). Van Duuren Media. Culemborg.

LEVEL ★★☆ advanced | TIME average | SCENARIO group(s)

Culture Hack

World Café

Zusammenfassung

Ein World Café ermöglicht einer großen Gruppe die Bearbeitung von einem oder mehreren Diskussionsthemen. Die Teilnehmer wechseln sich in diesem Großgruppenformat in mehreren Runden an moderierten Tischen ab. Die Moderatoren sammeln die Beiträge und fassen sie zusammen, um sie im Anschluss im Plenum zu teilen.

Zielsetzung

Vielfältige Beiträge und das Engagement fördern.

Begründung

Das Einbeziehen größerer Teilnehmer- oder Mitarbeitergruppen kann in einem World-Café-Format effektiv organisiert werden, so dass jeder seinen Beitrag leisten, lernen und Ideen austauschen kann.

Beschreibung und Vorgehen

Die Teilnehmer arbeiten in Gruppen an mehreren moderierten Tischen zusammen, um eine oder mehrere Fragen zu bearbeiten.

Umsetzung

Jeder Tisch kann sich auf dieselbe Frage konzentrieren, oder (häufiger) auf verschiedene Fragen oder Themen. Die Diskussionsrunden dauern in der Regel jeweils 10 bis 15 Minuten, wobei die Teilnehmer drei- oder viermal zwischen den Tischen wechseln. Die Tischmoderatoren fassen die vorangegangenen Gruppendiskussionen für die neuen Teilnehmer zusammen, wobei sie häufig mit Papier bedeckte Tische für Notizen verwenden.

Erfolgsfaktoren

- Veranstalten Sie nur dann ein World Café, wenn Sie die Ergebnisse in irgendeiner Weise nutzen wollen. Andernfalls haben die Teilnehmer das Gefühl, ihre Zeit zu verschwenden.

Voraussetzungen

Keine.

Am Ende der Tischrunden fassen die Moderatoren die Ergebnisse zusammen und berichten an das Plenum weiter. Die Ergebnisse werden im Plenum diskutiert, und die Moderation gibt dann noch einen Ausblick auf das, was als Nächstes passieren wird oder was mit den Ergebnissen geschehen wird.

Herausforderungen

Wie bei anderen Großgruppenformaten sollten Sie nur dann eine Veranstaltung durchführen, wenn Sie beabsichtigen, die Ergebnisse anschließend zu nutzen; andernfalls kann dies eher zu Enttäuschung als zu Engagement führen.

Links/Literatur/Fälle

Brown, J., Isaacs, D. (2005) The World Cafe Book: Shaping Our Futures Through Conversations that Matter. Berrett-Koehler Verlag. https://theworldcafe.com/world-cafe-book/

LEVEL	TIME	SCENARIO
★★☆ advanced	average	team

Culture

Xié Tóng

Zusammenfassung

Xié Tóng [ʃ i ˈt ɔ ŋ g] (chinesisch: Zusammenarbeit) bezieht Mitarbeiter in konkrete Projekte zu bestimmten Themen ein, um das Bewusstsein für diese Themen zu schärfen, Verbindungen zu fördern und gegenseitiges Vertrauen aufzubauen. Dadurch werden einzigartige Erkenntnisse und Erfahrungen gewonnen, die sich sonst nicht ergeben würden.

Zielsetzung

Förderung des Mittragens und der Unterstützung für bestimmte Themen und Anliegen.

Begründung

Engagieren Sie Einzelpersonen in realen Projekten, um sicherzustellen, dass Ergebnisse von ihnen unterstützt werden.

Beschreibung und Vorgehen

Sammeln Sie Erfahrungen und Erkenntnisse durch die Beteiligung an realen Projekten.

Umsetzung

Individuelle Umstände und Persönlichkeiten schaffen eine Mischung, die in Seminaren nicht wirksam behandelt werden kann. Auf der folgenden Seite finden Sie zwei Beispiele, die dieses Konzept verdeutlichen.

Herausforderungen

Offensichtlich konstruierte Projekte ohne realen Bedarf funktionieren oft nicht gut: Ein Open Space, dessen Ergebnisse unberücksichtigt bleiben, generiert mehr Frust als Teilhabe.

Erfolgsfaktoren

- Höflichkeit, Wertschätzung und Respekt als Mindestanspruch.

Voraussetzungen

Es sollte sich um echte Projekte handeln, keine offensichtlich konstruierten, denen man die Intention bereits anmerkt.

Links/Literatur/Fälle

Mader, I. (2019) Der Werkzeugkasten des Informations- und Wissensmanagements. Excellence Edition No. 10, 2022. Excellence Research, Wien.

Living Case 1

Bei einem Briefing für Führungskräfte zum Thema Wissensmanagement äußerte sich ein Abteilungsleiter besorgt: "Wir haben zwei erfahrene Experten in unserer Abteilung, deren Wissen wir dringend benötigen, aber sie weigern sich, es zu teilen, insbesondere mit jüngeren Kollegen. Sie behaupten, sie hätten keine Zeit, etwas zu unserem Wiki oder zu unserer Dokumentation beizutragen. Wenn es sich wie Wissensmanagement anfühlt, meiden sie es. Was sollen wir tun?"

"Hier ist eine Idee: Lassen Sie uns eine Rubrik 'Best Practice' im Intranet oder einen internen Newsletter anstelle eines Wikis einrichten. Darin werden Lösungen, Kundenbeispiele, Erfolge und mehr vorgestellt. Wir werden diese Experten nach ihren Erkenntnissen befragen, was in der Regel besser funktioniert, als sie zu bitten, für ein Wiki oder eine Datenbank zu schreiben. Experten erwarten Anerkennung für ihre wichtigen Beiträge, ähnlich wie eine Prima Donna oder ein Primo Oumo - sie wollen herausstechen und nicht untergehen. Stars sind geneigt, Interviews zu geben."

Die richtigen Fragen zu stellen ist der Schlüssel: Anstelle von Prozessen und Standards brauchen wir ihre Geschichten. Geschichten vermitteln das Wesentliche, das andere verstehen müssen. Auf diese Weise wird sichergestellt, dass Expertinnen und Experten die Anerkennung erhalten, die ihrem Wertbeitrag angemessen ist.

Living Case 2

In einem Verlagshaus gilt das Büro, das den Veranstaltungskalender für die Wochenzeitung zusammenstellt, als das am besten informierte der Stadt. Sie wissen immer von exklusiven Terminen und Veranstaltungen, die andere Zeitschriften zu verpassen scheinen, und veröffentlichen diese. Das liegt vor allem an der Leiterin des Veranstaltungsbüros, die über ein großes Netzwerk vor allem in der Kulturszene der Stadt verfügt und von verschiedenen Personen mit exklusiven Veranstaltungsinformationen versorgt wird. Das Veranstaltungsbüro beschäftigt auch eine Teilzeitassistentin.

Der Geschäftsführer des Verlags und der Marketingleiter hatten lange Zeit versucht, die Leiterin des Veranstaltungsbüros davon zu überzeugen, dass eine Datenbank, die als Online-Version angeboten werden könnte, mehr Leser und Besucher anziehen und damit die Werbeeinnahmen erhöhen würde. "Das ist zu viel Arbeit, das ist nicht zu schaffen."

Und weiter: „Tut mir leid, nein", sagte sie. Einige Zeit später kaufte die Abteilung für Öffentlichkeitsarbeit ein Online-Buchungstool für die Website, mit dem Leser Seminare, Workshops oder Tickets für die vom Verlag angebotenen Kamingespräche buchen können. Das Tool wurde in Betrieb genommen. Ungefähr zu dieser Zeit sagte der Geschäftsführer des Software-Start-ups: "Da Sie nun ein geschätzter Kunde sind, können wir Sie um Ratschläge für unser nächstes Softwaremodul bitten, das wir hinzufügen möchten?" "Sicher, wenn wir dabei helfen können", sagte der PR-Manager. "Es geht um einen Veranstaltungskalender." (Sie ahnen schon, worauf das hinausläuft). "Unser Entwickler für diesen Event-Kalender hat keine Erfahrung, was bei Veranstaltungsdatenbanken wichtig ist. Vielleicht kann er einen Termin bekommen und die Leiterin Ihres Event-Büros für eine halbe Stunde befragen?" Die Leiterin des Event-Büros willigte ein, den jungen Developer nach ihrem Redaktionsschluss zu treffen. Er war sehr bescheiden und dankbar für diese Gelegenheit. Er erzählte ihr von der Aufgabe, die ihm gestellt wurde, und bat sie um Tipps, was ihrer Meinung nach zu beachten wäre. Sie gab ihm viele nützliche Hinweise. Er bedankte sich bei ihr und ging nach 30 Minuten, nicht ohne ihr zu sagen, dass er nun auf der Grundlage ihres Inputs einen Prototyp erstellen würde. Und er fügte hinzu: "Wäre es möglich, dass ich dann kurz zurückkomme, um ihn Ihnen das Ergebnis zu zeigen, damit Sie überprüfen können, ob ich etwas vergessen habe?

"Klar, kein Problem. Kommen Sie wieder nach Redaktionsschluss" Beim Folgetermin schlug sie einige Verbesserungen vor, um den Prototyp noch intuitiver zu gestalten. "Ich bin Ihnen unendlich dankbar, vielen Dank! Jetzt werde ich den Event-Kalender programmieren. Ich traue mich gar nicht zu fragen, ob Sie es für mich testen können, wenn es fertig ist? Sie wüssten es schließlich am besten." Er bekam einen weiteren Folgetermin. Nach Redaktionsschluss natürlich.

Der Veranstaltungskalender war fertig. Die beiden trugen ein paar Veranstaltungen für den Test ein. "Wenn wir jetzt auf Suchen klicken und 'Villazon' eingeben, werden in der Ergebnisliste die beiden Veranstaltungen im Mai angezeigt, bei denen er hier auftreten wird. Oder man wählt 'Ausstellungen', dann werden alle zugehörigen Veranstaltungen über alle Standorte hinweg mit einem Link zu den Vorverkaufsstellen angezeigt."

Die Event-Chefin lobte ihn für die Benutzerfreundlichkeit und das ansprechende Design des Tools. "Das freut mich sehr, das habe ich alles Ihnen zu verdanken! Glauben Sie, dass dies auch für Ihre Arbeit nützlich sein könnte?", fragte er. "Hmmm. Eigentlich ja, das ist schon sehr praktisch", antwortete sie. Schließlich war sie nun Teil des Entwicklungsteams gewesen, es war also auch ihr Werkzeug. Seitdem bietet der Verlag auf seiner Website eine Veranstaltungsdatenbank an und ist damit wieder die erste Adresse für Veranstaltungen in der Stadt.